東方選書

中国語を歩く

辞書と街角の考現学

荒川清秀

東方書店

目次

I 街の中国語から考える……1

北京の街を撮る…2
〝打包〟と〝打车〟…14
〝长寿面〟ってどんなメン?……22
〝钟〟と〝表〟……28
〝鞋〟と〝靴子〟……33
メダルとカードが同じことば?……40

II 中国語の記述をめぐって……47

語素はあなどれない——「語素」の話❶…48
〝子〟は男それとも子ども?——「語素」の話❷…53
〝刷卡〟と〝拉卡〟——語義の記述❶…71

〝査房〟と〝査书〟——語義の記述❷…76
レトリックと辞書の記述——語義の記述❸…81
コアの意味はひとつ？——語義の記述❹…86
英語学会に出る——語義の記述❺…92
〝送钱〟は「あげる」？「とどける」？——語義の記述❻…97
多義語の意味の配列——語義の記述❼…104
多義語の意味をどう分けるか——語義の記述❽…109
〝情人〟は恋人それとも愛人？——語義の記述❾…114
単語の文体…120
軽声の注記は変わる——音声❶…126
アール化——音声❷…131
字体が違う！——字体❶…136
〝宋体〟と〝楷体〟——字体❷…141
繁体字に新旧がある！——字体❸…146
『現代漢語詞典』を読む（その1）…151
『現代漢語詞典』を読む（その2）…156
『現代漢語詞典』の単語認定…160

III　中国語辞書あれこれ……165

辞書の大きさと使い勝手…166
語源辞書（その1）…170
語源辞書（その2）…174
逆引き辞典…178
成語辞典…183
コロケーション辞典…187
類義語辞典…191
英漢・漢英辞典…196
文法辞典…201
中中辞典の説明は難しい…205
日中辞典はどう使う？…210
規範と記述…214
短語解析詞典の出版…219
図解辞典（その1）…225
図解辞典（その2）…230
図解辞典（その3）…234

Ⅳ　中国語辞書の用例を読む……239

〝漂亮〟と〝丑〟…240
男と女…246
中国の辞書はおせっかい？…251
辞書の用例から中国革命史が見える…256
用例から見える家族像…261

Ⅴ　これからの中国語辞書……269

紙辞書と電子辞書（その1）…270
紙辞書と電子辞書（その2）…274
紙辞書と電子辞書（その3）…278
再び電子辞書について――二〇〇七年四月…282
中国語学会で辞書のシンポ開かれる…286

あとがき…290

コラム・漢字のチカラ

1 推 推す……8
2 拉 引く……9
3 折 割引にする……10
4 退 (お金が)もどる……12
5 寿 長寿……13
6 床 ベッド……19
7 锁 カギ、ロック……20
8 补 補う……21
9 梯 上り下りに使う道具……27
10 鞋 靴……38
11 箱 大きなはこ……44
12 包 包んだもの、包むもの……45
13 餐 食事、料理……58
14 行 よい、オーケー!……59
15 停 止まれ……60
16 门 出入り口……61
17 修 修理する、つくる……62
18 位 ポジション……63
19 池 (周りより)へこんだ空間……64
20 盆 ボール(鉢)状のもの……65
21 生 見知らぬ、生の……66
22 机 飛行機……67
23 名 有名な・すぐれた……68
24 清 ~をきれいにする……69
25 款 お金・デザイン……70
26 送 プレゼントする……103

I

街の中国語から考える

北京の街を撮る

◈文字を写真に撮る

二〇〇七年の一二月、孔子学院世界大会でまたまた北京を訪れた。この年は五度目の中国、三度目の北京である。会議の合間をぬって街を歩き、写真を撮った。写真といっても建物や風景ではない。人物でもない。文字(漢字)である。文字を写真に撮ったものと言えば『中国語の「看板」を読もう!』(北京大学出版社/アスク、二〇〇六)という面白い本が出ている。しかし、その看板の中国語は意外に難しい。わたしが撮ったのは、もっとやさしいもの。入門、初級で出てくることばを文字として撮ったのである。たとえば、発音段階で、この音ができればこのことばができるという例として出す〝拉〟〝辣〟〝牙〟〝手机〟〝电梯〟〝打折〟等である。なぜ、そんなものを撮ったか。それは、こうしたことばを写真画像として出すことで、学習者に強い印象をあたえられないかという思惑からである。こういう試みをしている人は、中国語でも他の言語でもいる(フランス語の泉邦寿氏に「フランス語の野帳」というエッセイがある[『ふらんす』二〇〇六年四月~二〇〇七年三月、白水社])。

ハングルだといっそう効果的だ。なぜなら、それを読むことができればそのまま韓国・朝鮮語の学習になるからだ。二〇〇七年の三月に学会でソウルに行ったときは、ハングルの看板をたくさん写真に撮った。NHKのハングル講座では、ハングルの学習段階にあたる最初の一カ月はこのような写真画像をふんだんに使っていた。辞書も写真を出すものが増えてきているが、こうした、ふだん中国の街で目にすることばを写真映像で示すことも学習上効果的ではないだろうか。

ただし、街でこうした写真を撮るのは、そう簡単なことではない。ちょっと前なら、きっと街の自治組織である居民委員会のおばちゃんかだれかに問いつめられたかも知れない。もっと昔なら紅衛兵か。当時北京に留学中のKさんに、これこれの写真を撮ってほしいと何度かお願いしたが、お店の看板などは、撮っていると怪しまれて詰問されることがあったそうだ。同じ経験はわたしにもある。

◈〝拉〟〝推〟

最初に撮ろうとしたのは、〝拉〟lāや〝推〟tuīである。これは簡単だ。お店の玄関のドアにはたいていこの文字が張ってある。しかし、これも自分の泊まっているホテルならともかく、一般の店の前で撮ろうとするとなにをしているのかと怪しまれる。人がよく通るところでは撮るタイミングが難しい。

◈〝牙科〟をさがして

今回一番ほしかったのは〝牙科〟〔歯科〕の看板である。〝牙〟〔歯〕はyáという複母音を教えるときによく例に出す。日本語との違いを説明するのにも面白い例だ。口は〝嘴〟だといえば学生はもっと驚く。しかし、〝嘴〟の方は写真画像としては見つけにくい。授業では、〝牙〟を例に出して、日本の歯科は中国では〝牙科〟と書いてあるが、これは獣医ではないと説明する。学生はますます不思議がる。「牙」だの「嘴」だのを使う中国語とはなんと奇妙な言語だろうかと。しかし、正直なところ、わたし自身そんな看板を見た記憶があんまりない。あれは勝手な想像だったのか。わたしはますます気になって、ぜひとも撮って帰りたいと思っていた。

ところが、街を歩いていてだんだんわかってきたのだが、どうも〝牙科〟などという〝不雅〟な名称は使っていないようなのだ。ではどう言うのか。それはどうも〝口腔〟kǒuqiāngという名称を使うらしい。個人歯科医では〝××口腔〟という看板を出している。わたしは実際にそう書かれた小さな個人病院へ入ってみた。治療の価格表が出ていたので、写真に撮っていいかと聞くと「だめだ、あなたは歯科医を開業するつもりか」とまで聞かれた。どうやら同業者が情報集めに来ていると思われたらしい。それで、わたしが思いついたのは、上の娘が生まれた東単の「協和病院」（八二年には首都医院と呼んでいた）へ行ってみようということだった。上の娘は、わたしがはじめて北京に長期に滞在した八二年にこの病院で生まれている。そこは総合病院だから歯科も当然あるだろうと思ったのである。いぶかしがられれば娘のことを話題に出せばいい。ところがその

北京・東単の総合病院「協和病院」にて。〝口腔科〟

個人歯科医の看板。〝永康口腔〟

北京・王府井に位置する漢方医院「平心堂」の看板。右が以前の、左が現在の看板。
(右)〝中医门诊　内设牙科〟
(左)〝内设口腔科〟

(上)〝东城区口腔医院〟
(下)〝口腔门诊〟　右横に〝牙科〟の看板。

中に入って見つけたのもやはり〝口腔科〟だった。

半分あきらめかけていたわたしが帰り道ふと電柱を見あげると、なんとそこに〝〇〇牙科〟という看板がかかっていた。やっぱりこの言い方は存在していたのである。もっとも一年後にこの看板は〝口腔科〟と変えられていたが。

◈〝牙〟についての本

協和病院の近くに医学専門の本屋さんがあったので入ってみると、『美，从牙开始』（人民軍医出版社、二〇〇七）という本があった。虫歯の予防を美しい写真と図それに軽妙な文章で解説したもので、ここには〝爱牙〟ài yá〔歯を大切にする〕、〝洗牙〟xǐ yá〔歯の掃除〕、〝牙周病〟yázhōubìng〔歯周病〕、〝牙缝刷〟yáfèngshuā〔歯間ブラシ〕、〝牙线〟yáxiàn〔デンタルフロス〕等々、〝牙〟を含む字がたくさん出てくる。「歯科医」も〝牙医〟yáyī だ。

◈他にこんなものも

街を歩いていてよく見かける看板の一つは〝寿衣〟shòuyī 屋さんだ。〝鲜花〟xiānhuā、〝花圈〟huāquān、〝寿盒〟shòuhé と並んでいたりする。〝寿衣〟は辞書にもきちんと説明が出ている。死んだ時のためにあらかじめ用意しておく服のことだ。この夏わたしは〝寿衣〟屋さんの中に入って店主と話をし、写真まで撮らせてもらった。〝寿衣〟は白衣どころか金襴緞子のはでなものだった。小学館『中日辞典』（一九九二、第二版二〇〇三）には図ものせてある。〃寿盒〃は辞書にあまり出ていないが、「骨壺」＝〃骨灰盒〃gǔhuīhé のこと。これも豪華なものが多い。

あと、街でよく見かけるものに〃成人保健〃chéngrén bǎojiàn がある。これもなんのことか意外に想像がつかないし、辞書にも出ていないが、「大人のおもちゃ」というか成人グッズ店だ。ここにも入ったことがある。寧夏の銀川では同僚と三人でなかよく入って見学した。今回は〃情侣保健〃qínglǚ bǎojiàn という看板も見かけた。

葬儀用品店の看板と店内。
〃**寿盒**〃は骨壺、〃**花圏**〃は花輪。
〃**厂家直销殡葬用品　一条龙服务**〃
〔葬儀用品製造直販　一貫サービス〕

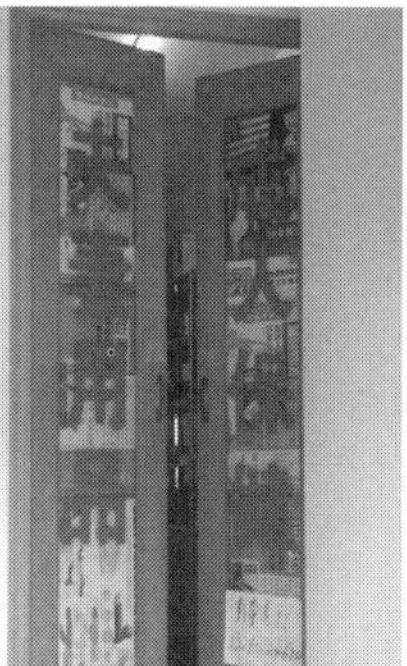

成人グッズ店の看板。
（右）〃**成人保健**〃
（右下）〃**情侣保健**〃
（左下）〃**夫妻用品**〃

推 tui 押す

pushにあたる中国語は〝推〟である。日本語でも「推敲」や「推進」があるから、言われてみればなるほどと思うかも知れない。しかし、日本人にとっての「押す」は「押」だろう。〝押〟は現代中国語では「護送する」とか「保証金として出す」という意味である。後者の意味で、わたしたちがもっとも聞く機会の多いのは〝押金〟だ。これは「保証金、デポジット」のこと。ホテルに泊まるとき、クレジットカードがなければ請求される。

中国語で「押す」を表すことばにはいくつかある。手や指で押すなら〝按〟(「按摩」の「按」)、上から圧力をかけるなら〝压〟。〝压力〟は日中共通の漢語で、一九世紀の中葉に西洋人宣教師が編んだ書物に出てくる。問題の〝推〟は移動を目的に、水平あるいは上方向に押すことである。面白いのは、日本人なら、ずり落ちてきた眼鏡は、「そっと上にあげる」というところだが、中国語ではこんな場合、〝推〟(〝扶〟も)を使って〝推一下〟(ちょっと押す)という。こういう表現は日本人にはなかなか思いつかない。

〝推〟〔押す〕
北京市東城区のホテル、和平賓館で。

漢字のチカラ(2)

拉 lā

引く

中国語の中で政治、経済、社会、文化に属する高級語彙は日本語と共通のものが多いが、日常語は意外となじみがあるものが少ない。〝拉〟=pullや〝拿〟は中国語では常用字だが、日本人には「拉致」とか「拿捕」とかいった、いやな語を通してお目にかかれるだけだ。ドアの字はなぜ〝引〟ではいけないのだろう。〝引力〟ということばもある。実はこの〝引力〟は日本語から入ったもので、江戸時代に「引く力→引力」というふうにつくられた。もちろん、中国語にも〝引〟はあるが、それは熟語の中のことで、単語としては使えない。ちなみに、引力という概念が最初中国に入ってきた時「引く」の意味で選ばれたのも、〝牽引〟や〝摂〟〝吸〟という動詞だった。〝拉〟は口語で、色んな意味を派生はするが、逆に熟語をつくる力は弱かったようだ。先日、テキストの用例で〝我来拿〟〔わたしが持ちましょう〕に並べて〝我来拉〟を出そうとしたら、ある中国人に笑われた。この表現で彼が最初に思いつくのは、〝拉(屎)〟〔うんこをする〕らしい。

〝拉〟〔引く〕

漢字のチカラ(3)

折 zhé
割引にする

〝打折〟は「ディスカウントする」こと。中国語を知らない人でも、中国の街を歩くと必ず目にする語である。〝打折中〟というのも見たことがある。これは「on sale」とでも訳すべきか。〝打8折〟というと「八掛け」で、二割引のことだが、よく八割引と勘違いする人がいる。わたしも、写真の〝3折起〟というのを見たときは、はてどう訳すべきか困ってしまった。〝起〟は「〜から」ということで、「三掛けから」と訳すと数字が上がっていかないとおかしいが、この〝3折〟は値引率の最高値である。だから、頭を切り変えて「七〇%オフまで」と訳すしかない。こういう場合の〝折〟は「割引にする」という意味で、日本人にはわかりにくいが、逆に日本語の「右折」「左折」は中国人にわかるのだろうか。これは「道が左右に折れる」というところから出来た和製漢語である。中国語にも〝转折〟という語があるが、中国人には「右折」「左折」は理解しがたいようだ。なお、中国語ではこんな場合〝右转—左转〟〝右拐—左拐〟のように言う。それぞれ「右折」(右にまがる)、「左折」(左にまがる)のこと。

〝3折起〟〔70%オフまで〕
一階はメンズ・ファッション。

"低于6折"
〔40%オフ以上〕

"冬装新款全场2-5折"
〔冬物ニューファッション全会場80%～50%オフ〕

"全场一折"
〔全会場90%オフ〕

退 tuì （お金が）もどる

わたしが初めて長期に中国で暮らしたのは一九八二年。そのとき覚えたことばの一つに〝退瓶〟がある。瓶ビールなどを買って、飲んだ後、瓶を返しに行くと瓶代を返してくれた。これを〝退瓶〟という。〝退票〟なら「チケットを払い戻しする」こと。お店によっては〝不退不換〟という看板が掛かっているところもある。これは、「払い戻し（退）も、取り替え（換）もしません」ということである。これらからすると〝退〟は「ものを返すことでお金がもどること」のように見える。しかし、〝退钱〟〔［受け取っていた］お金を返す〕、〝退礼物〟〔贈り物を返す〕、〝退稿〟〔［不採用の］原稿を返す〕などではお金はもどらない。わたしたちの最も身近な、ホテルの「チェックアウト」の意味の〝退房〟でもお金はもどらない。「返す」にはほかに〝还〟があるが、〝还〟は「（ただで）借りたものを返す」こと。要するに、〝还〟以外の、一旦受け取ったり買ったものを「返す」のが〝退〟で、一旦買ったものなら、返すときにお金ももどるということである。

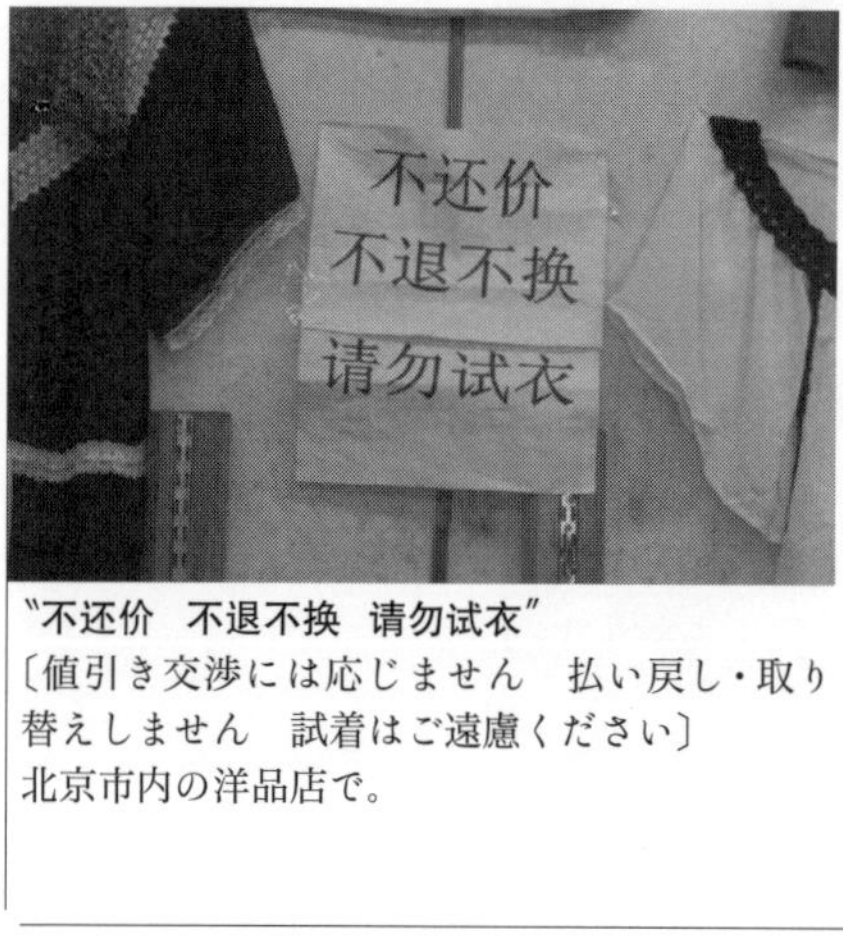

〝不还价　不退不换　请勿试衣〟
〔値引き交渉には応じません　払い戻し・取り替えしません　試着はご遠慮ください〕
北京市内の洋品店で。

寿 shòu

長寿

日本語の「寿」はお祝い事を意味するが、中国語の〝寿〟は「長寿」を意味する。誕生日に食べる〝(长)寿面〟は長寿を祈るもので、長い一本のメンでないといけない。〝寿衣〟は、日本流に言えば「死に装束」だが、中国では長生きした人が着る服。〝人寿〟〝寿险〟〝人寿保险〟の看板を中国の街で見た人もいるだろう。結婚のための保険と思いきや、中国ではこれが生命保険を意味する。〝寿〟という字が意味するものが、かくも違うことに驚かされる。日本でも生前に「寿衣」をつくろうという運動もあるようだが(嶋本保子『さくら寿衣』アスク、二〇〇二)、一般には、そんな縁起でもないものをという意識が強いだろう。この〝寿衣〟は、本来、老人の生前に用意しておくもので、韓国では六〇歳の還暦で準備するという。〝寿衣〟を用意しておけば無病息災、天命長寿、子孫繁栄がかなうという。もっとも、中国では病院の横に〝寿衣〟を売る店がある。これだと日本の死に装束と変わらない。樋泉克夫『「死体」が語る中国文化』(新潮社、二〇〇八)にも〝寿衣〟の話が出ている。

〝人寿保险〟〔生命保険〕

〝打包〟と〝打车〟

◈〝口腔科〟は口腔外科？

前回、北京の街で〝牙科〟の写真を撮ろうと看板を探し回ったところ、〝牙科〟という表現はなりを潜め、〝口腔科〟という表現がそれに代わっていたということを書いた。わたしはそれを〝牙科〟というのは〝不雅〟だからか、と書いたのだが、知り合いの中国人から、歯の病気の原因は歯だけではないから〝口腔科〟という方がより正確なのではないかという指摘を受けた。たしかに、今は歯医者に行っても、歯よりも歯ぐきを問題にする。前回あげた〝洗牙〟〔歯の掃除〕はこれまでもあったが、〝牙周病〟〔歯周病〕はかつてそれほどさわがれなかったし、〝牙缝刷〟〔歯間ブラシ〕、〝牙线〟〔デンタルフロス〕も今ほど一般的ではなかった。しかし、それでもわたしには疑問がわく。それは日本では「口腔（こうくう。本当は「こうこう」が正しい）」といえば「外科」と結んで「口腔外科」と使われるのがふつうで、一般の歯医者さんよりさらに高度な治療、手術をするところというイメージがあるからである。このあたり、日中の専門医の間では共通の理解ができているのだろうか。

◈〝牙〟と〝齿〟

〝牙〟というのは本来キバで、それが〝齿〟〔舌のあたる部分──前歯〕に対し奥歯を指すようになった。中国の辞書が〝牙齿〟を歯の総称とするのは、ちょうど時計屋を〝钟表店〟というように〔二八頁参照〕、「奥歯と前歯」を合わせてはじめて歯になるからだと考えることができる。ただ、現代語では〝牙〟〝齿〟はそれぞれ文体を異にし、〝齿〟は専門用語の歯として、〝牙〟は口語の歯として使われる。したがって、〝牙齿〟はちょうど〝进入〟〔入る〕や〝寒冷〟〔寒い〕のように、古今義の合体とも見ることもできる。

〝牙〟〝齿〟は、以下のように、それぞれが歯の名称を示す語の造語成分となっている。

切牙・门牙──门齿　〔門歯〕
尖牙・犬牙──犬齿　〔犬歯〕
磨牙・槽牙──臼齿　〔臼歯〕
尽头牙・尽根牙──智齿　〔親知らず〕
恒牙──恒齿　〔永久歯〕
乳牙・奶牙──乳齿　〔乳歯〕
蛀牙〔虫牙〕──龋齿　〔虫歯〕
假牙──义齿　〔入れ歯〕
虎牙　〔八重歯〕

◈〝打包〟

その同じ一二月、北京の海淀図書城の横の第三極書局という本屋に行った帰り、一階にこぎれいなパン屋さんがあったので入ってみた。次の日の朝食用にいくらかパンを買うと、〝打包吗？〟と聞かれ唖然とした。わたしの頭には〝打包〟というと「レストランで食べ残したものを持って帰るときにパックしてもらう」という意味しか浮かばなかったからだ。一瞬なんのことかと思ったが、見れば、レジの横にはテーブルがいくつかあって、そこで食べている人もいる。なるほど、〝打包〟というのは、今では〝帯走〟（テイクアウト）という場合にも使うのかと小さな感動を覚えた（〝打包帯走〟と続けて言うこともある。本来二つの動作である）。帰国後このことを知り合いの中国人に話すと、今はファストフードでのテイクアウトもそう言うそうだ。インターネットで検索しても、〝帯走还是在这儿吃？〟（持ち帰りですか、それともここでめしあがりますか）とともに〝打包还是在这儿吃？〟という言い方が出ていた。

◈〝打的〟〝打车〟

ことばの変化はつねに起きている。たとえば、今つくっているテキストに〝打的〟dǎdī（タクシーで行く）ということばを入れようとして若い中国人の友人に話すと、〝打车〟dǎchē の方がいいと言う。手元の新語辞典を調べてみると、『現代漢語新詞語詞典』（花城出版社、二〇〇〇）の〝打车〟の項に、以下のようにあった。「人によっては〝的〟dī という音があまりに〝倜傥〟tìtiǎo（軽薄？　ちゃらちゃらしている？」なので、より素朴な〝打车〟〝坐出租〟を使うようになった。しかし、〝坐计程车〟を使っていた台湾では逆に〝打的〟を使うようになったとのこと」。

〝出租车〟と言えば、気になっていたことがある。それは、辞書には〝叫出租车〟を「タクシーを呼ぶ」と訳すものが多く、わたしもそう思っていたのだが、インターネットで、

我们走到街上，招手叫了一辆出租车。

／通りまで行って、手をあげてタクシーを一台呼び止めた——ひろった。

过了马路，我就叫了一辆出租车。

／通りをわたったところで、わたしはタクシーを一台呼び止めた——ひろった。

のような例をみると、「(電話をかけて)呼ぶ」だけでなく、「呼び止める、ひろう」場合にも使われることがわかる。ちなみに『東方中国語辞典』(東方書店、二〇〇四)の〝叫〟の項目には「呼ぶ、ひろう」とある。これは意味のひろがりか、それともわれわれ日本人がそのことに気づいていなかっ

『漢語新成語詞典　1919–2001』(史式・趙培玉編著、増訂本、重慶出版社、二〇〇二)

たのか。

〝无疾而终〟

この十年来、大学の講読の時間に学生と『中国青年報』の記者安頓のルポを読んできた。最近、面白い成語に出会った。ある中国人が日本に研修に行っているときに、イギリス人と出会い、しばらくつきあったが、やがてそのイギリス人は帰ってしまうというところで、〝一切无疾而终〟yíqiè wú jí ér zhōng という成語が出てきた。小学館の『中日辞典』（第二版、二〇〇三）には「病気をせずに天寿をまっとうする」と出ている。しかし、ここがそんな意味でないことはあきらかだ。意味はほぼ推測できるが、これを載せている辞書はないものかと調べていたら『漢語新成語詞典1919―2001』（増訂本、重慶出版社、二〇〇二）に「ある事柄が外からの圧力を受けず自然消滅することを言う」と出ていた。新しい成語だけでなく、成語の新しい意味にも注意を払いたいものだ。

床 chuáng ベッド

写真の〝有床〟とはどういうことだろう。まず〝床〟は日本語の「ゆか」とこ」ではない。ではなにか。実は中国語の〝床〟とはベッドのことである。〝起床〟は日中共通の漢語だ。しかし、日本人にとって「床」は「とこ」で、中国人にとっては「ベッド」だ。まあ近いといえば近いから、こういう場合は意外と誤解が起こらない。中国人は寝るときどこに寝るかご存じだろうか。それはベッドである。ベッドがなければ板のようなものを渡して寝たりする。昔、中国にいたとき、新米教師のSさんは、教室で机を併せてベッドにして寝ていた。床《ゆか》は寝るところではないからだ。一方、韓国ならベッドのほかにオンドル（床暖房）にフトンをしいて寝る。こういうこ

とが意外とわからない。ところで、この旅館に「ベッドあります」というのはどういうことだろう。というのは、日本ならこんな時「空室あり」とでも書くからだ。中国の人たちに確認したところでは、ドミトリーのように、一部屋にいくつもベッドがおいてあって、そのうちのいくつかのベッドがまだ空いているということのようだ。昔北京に住んでいた頃、長春から出張にやってきた妻のペンフレンドを前門のあたりのホテルに訪ねて行くと、一室にベッドがいくつもあって驚いたことがある。ふとそれを思い出した。

〝有床〟
〔ベッドあります〕

漢字のチカラ(7)

锁 suǒ カギ、ロック

写真を見てなに屋さんかおわかりだろうか。〝锁〟は日本語では「鎖」だから鎖屋さんかというとカギ屋さんなのである。中国語を勉強している人なら〝钥匙〟yàoshiがカギだと分かる。では〝配钥匙〟とはなにか。これは「合いカギをつくる」ということである。こういうふうに「なにかに合わせてつくる」とき、中国語では〝配〟という動詞を使う。眼鏡をつくる場合も〝配眼镜〟だ。では、看板にある〝开锁〟とはなにか。これは、中国語にカギと呼ばれるものに二種類あることを知らないとわからない。英語で言えばわかりやすい。ふつう携帯するのはkey。それに対しそのkeyで開ける装置はlockである。この違いは中国語にもあって、ふだん持ち運ぶのは〝钥匙〟、それで開けるのは〝锁〟というわけである。カギが壊れたから開けにきてというとき〝钥匙坏了〟と言っては不思議がられる。〝锁坏了〟と言わなくてはならない。ちなみに、ことわざに〝一把钥匙开一把锁〟〔ひとつの〝锁〟を開けるには決まった〝钥匙〟を使う→物事にはそれぞれ独自の解決方法がある〕というのがある。

〝开锁 配钥匙〟〔カギ開けます 合いカギ作ります〕
〝锁王〟は屋号。〝上門开锁〟は「壊れたカギ開けに参上します」。

补 bǔ 補う

写真は北京の街で見かけた看板である。〝补发〟(補髪)とはなにか。日本語の「補」は、「補完」「補填」「補助」「補足」「補佐」のように、似たような漢字を並べて作られたものが多い。しかし、この〝补发〟は「髪の毛を補う」ことで、動詞と目的語という構造になっている。意味は、ヘアピース、ウイッグをつくること。その下の〝补票(处)〟とはなにか。ここでの〝票〟は「チケット、切符」のことで、「チケットを補う」とは、「料金(運賃)の精算をする」ことである。こんなふうに中国語の〝补＋名詞〟は動詞＋目的語の構造であることがけっこうある。ほかにも〝补牙〟は「入れ歯をつくる」こと。〝牙〟は「歯」である。〝补课〟は「補講をする」こと。ただし、〝补时〟は「ロスタイム」で名詞である。日本語の「補欠」は、「補欠選挙」では「欠を補う」ことだが、今では人そのものを指す場合がほとんどである。

(上)〝**美奈子补发工作室**〟〔美奈子ヘアピース製作室〕
(下)〝**补票处**〟〔チケット精算所〕

〝长寿面〟ってどんなメン？

二〇〇七年に続き、二〇〇八年も誕生日を中国で迎えた。北京の友人たちが設けてくれた宴席で、はじめて〝长寿面〟chángshòumiàn なるものを賞味した。席に着いたときに「〝长寿面〟を頼んだからね」と言われたものの、いったいどんなものが出てくるのか見当がつかなかった。〝送行的饺子，接风的面〟（送別のギョーザ、出迎えのメン――この逆もある）ということわざは知っていたから、単にメンを食べることだけかと思っていたのである。日本の辞書では『講談社中日辞典』（一九九八、第二版二〇〇二）の「長寿を願って誕生日に食べる麵類」が最も要を得ている。中国では『現代漢語詞典』（第五版、商務印書館、二〇〇四、以下『現漢』）などにはなく、大型の英漢辞典『新世紀漢英大詞典』（外語教学与研究出版社、二〇〇三）の、

longevity noodles [eaten on a persons, birthday to wish him a long life]

がほぼ同じような解釈だ。しかし、現実に出されたものをみて驚いた。この〝长寿面〟なるものは、一続きの一本のメンだったのである。

符中士『吃的自由』（人民文学出版社、一九九七）には、祖父の七〇歳の誕生日に祖母が「かみ切らずに一気に飲み込むのよ」とくりかえし言っている場面が描写されている。王艾録の『漢語理据詞典』（華齢出版社、二〇〇六）には「顔が長いと長生きする」という俗信があり、顔は面（つら↓メン）に

つながるところから長寿を願ってメンを食べる習慣ができたという。こんなふうに異国の言語を学んでいると、単に日本語に置き換えただけでは本当の意味がわからないことがある。

◈〝地板〟＝床？

一九八二年から八三年にかけて北京で「専家」(専門家)として暮らしていたとき、自分たちの住んでいるアパート(友誼賓館)の床は一種の石だったと思うが、それを〝地板〟dìbǎnだと思って怪しまなかったことがある。実は〝地板〟とは「板を張った床＝フローリング」で、自分たちが住んでいた住まいの床は〝地板〟ではなかったのだ。

『商務館学漢語詞典』(商務印書館、二〇〇六)は〝地板〟を右のように解釈する。ところが、『現漢』などは〝地板〟に〝木头〟〔木〕以外に〝砖石〟〔タイル＝瓷砖〕、〝混凝土〟〔コンクリート〕のもあるとい

〝长寿面〟は一本の長いメンだった。

う。〝地板革〟（合成樹脂の床板）ということばもあるそうだ。『漢語常用詞用法詞典』（北京大学出版社、一九九七）などは、「今は広く〝地面〟を指す」とまでいう。この〝地面〟は屋内と限定すべきだろうが、〝地板〟の場合は意味が広がってきたということだろう。

◈廊下＝〝走廊〟？　階段＝〝楼梯〟？

最近まで誤解していたことばの一つに〝走廊〟zǒuláng がある。〝走廊〟＝「廊下」と考えていたのだ。あるとき、中国人に「廊下で彼に会った」というつもりで〝在走廊上碰见他了〟と言ったら、〝在楼道上〟と直された。たしかに〝楼〟（建物）の中の〝道〟だから〝楼道〟lóudào でなくてはいけない。では、〝走廊〟とはなにか。『現漢』には、〝屋檐下高出平地的走道，或房屋之间有顶的走道〟とある。つまり、「檐下の高くなった廊下、回廊、あるいは建物の間の屋根のついた渡り廊下」と注釈すべきものである。これを「廊下」とだけ覚えていたのでは誤解を生じる。

その〝楼道〟の仲間に〝楼梯〟lóutī がある。これも誤解しやすいことばだ。なぜならここでも〝楼梯〟＝「階段」、「階段」＝〝楼梯〟という安易な置き換えが起こるからである。しかし、〝楼梯〟はその語構造からもわかるように〝楼〟の中の〝梯〟であり、外にある「階段」は〝楼梯〟ではない。『現漢』によれば〝梯〟とは「人の上り下りに便利な用具や設備」とある。これも単にハシゴと理解してはいけない。中国人の発想としては、階段も〝梯（子）〟（はしご）の仲間だと考えなくてはいけないということである。もっとも『現漢』は〝电梯〟（エレベータ）の〝梯〟を転義とする。

「屋外の階段」はほぼ〝台阶〟táijiē で訳せそうだ。『現漢』には〝多建在大门前或坡道上〟（多く玄関の前あるいはスロープに設けられている）とあり、建物の図の入り口の階段を見るようにという指示がある。用例の詳しいのは『学漢語用例詞典』（北京語言大学出版社、二〇〇五、以下『学漢語』）で、これにはお寺や有名な泰山の階段が〝台阶〟として出ている。以下の例をご覧いただきたい。

台阶一直通到大庙门口。／階段はまっすぐ寺の入口までつながっている。

这些青石台阶已经有二百多年的历史了。／これらの黒石の石段はすでに二〇〇年余りの歴史をもつ。

爬上最后一级台阶，大伙都动不了了。／最後の一段をのぼるとみんなは動けなくなった。

泰山一共有多少级台阶呀？／泰山には全部で階段が何段あるのだろうか。

〝台阶〟の例。上から軍艦の中、地下鉄の階段、留学生寮の階段、天津の喫茶店の中。

「石段」は〝青石台阶〟〝石头台阶〟〝石阶〟で、一段は〝级〟で数える。

◈これも〝台阶〟?

二〇〇七年に大連に行ったとき、古い軍艦を見学した。その艦内を歩いていたとき、階段に〝小心台阶〟(〝台阶〟に御注意)と書いてあるのに気づいた。一瞬、「えっ!?」と思ったが、考えてみればこれは船であって建物ではない。だから〝楼梯〟ではなく〝台阶〟でいいのだ。そう思った。

ところが、今年(二〇〇八年)北京に行って街を歩いていて〝当心台阶〟という看板を見た。一つは地下鉄に降りる階段でだ。これも建物でないから納得できる。ところが、もう一つ「えっ」と思ったのは、わたしの学生で北京留学中のKさんの留学生寮の中を歩いていたときだ。Kさんに〝楼梯〟と〝台阶〟の違いを説明していると、「先生、ですが、ここの階段には〝小心楼梯〟ではなく〝小心台阶〟と書いてありますよ」と指摘されたのである。そこでまたはたと困ってしまった。『学漢語』には〝楼梯〟の説明として〝上下楼的台阶〟(建物を上り下りする〝台阶〟)、『現漢』には〝形状像台阶〟(形状は〝台阶〟のようである)とある。つまり、〝楼梯〟とはあの装置全体を指すことばで、一つ一つの階段、ステップは〝台阶〟ということなのだろう。日本語はこの双方を「階段」と呼んでいるから、ここでも誤解が起こる。

梯 tī 上り下りに使う道具

ワープロで「はしご」と入力すると「梯子」という漢字が出る。この「子」は「椅子」「扇子」「帽子」などと同じく接尾辞のように見えるが、それはスとかシと発音する場合で、「梯子」の場合には単に「はしご」に「梯」と「子」を当てたものだろう。さて、この「梯」という字は、日本人にとっては「はしご」そのもので、この字を使った熟語も「階梯」ぐらいしか思い浮かばない。これは昔『蘭学階梯』『物理階梯』のように入門書の名前に使われた。一方、中国語ではこの〝梯〟を使って〝楼梯〟とか〝电梯〟〝梯田〟〔段々畑〕ということばを作った。上で述べたように、〝楼梯〟は「階段」だが、〝楼〟〔二階以上の建物〕の中にある階段のこと。外の階段や、一つ一つのステップは〝台阶〟という。〝电梯〟は中国のホテルに泊まるときっと目にする語で、「エレベータ」のこと。エスカレータは〝扶梯〟と言って区別する。これらの〝梯〟に共通な意味を探れば「上り下りに使う道具」とでも言うべきか。

(上)〝电梯〟〔エレベータ〕
(下)〝扶梯〟〔エスカレータ〕

〝钟〟と〝表〟

◈時計はどこで分ける

モノとことばの関係について話すとき、輿水優他編著『中国語図解辞典』（大修館書店、一九九二）は格好の資料になる。たとえば、中国語ではクツをどこで〝鞋〟と〝靴子〟に分けるかとか、時計はどうかといったクイズに使うのである。このうち、クツはなかなか一度で正解がでないが、時計が〝钟〟と〝表〟に分かれることについてはほとんどの学生がすぐに言い当てる。英語でclockとwatchを言い分けることに慣れているせいか。あるいは、カタチの上ではっきり違うからか。日本語でこの二つをともに時計というのは機能の共通性に注目した結果なのだろう。ともかく、中国語では時計屋を〝钟表店〟と言う。〝钟〟と〝表〟が合わさってはじめて時計ということになる。

◈〝钟〟〝表〟とはなにか？

〝钟〟が「鐘」からきていることは漢字をみれば想像できる。しかし、clockが中国に入ってきたとき、なぜ鐘と名づけたのか。clockの中国への移入は、明の時代イエズス会士が将来した「自鳴鐘」が最初だろう。ちなみにclockの語源は鐘で時をつげるもの。フランス語のcloche（鐘）である。

では、〝表〟とはなにか。watch は中国語ではなんの仲間なのか。わたしはその答えとして、これまで、

水表／电表／体温表

をあげて学生に想像させたりした。つまり、〝水表〟＝水道メーター、〝电表〟＝電気メーター、〝体温表〟＝体温計で、〝表〟とは中国語ではメーター・計器類の仲間ということになる。しかし、ある年、埼玉のある高校の講演でこの話をしようとして、ふと気になった。〝表〟がメーターの仲間であることはわかる。しかし、それは最初に watch が〝表〟と訳されたことの説明にはならない。なぜなら、〝水表〟〝电表〟〝体温表〟といったことばは watch→〝表〟と訳されたあとの産物だからである。では、そもそも〝表〟とはなにか。中国の天文学史の本を繙いてみると、〝表〟と

時計屋の看板。
(上)〝钟表店〟
(下)〝钟表城〟

スイスのブランド腕時計の店の広告。〝瑞士〟はスイス。〝名表〟はブランド腕時計。〝始创于1919〟は「since 1919」。

はノーモン、つまり日時計のタテの棒だったらしい（天安門には「華表」という柱が立っている）。この「日の長さを測る」というところから、「はかり示すもの→〝表〟」という結びつきができたのではないだろうか。

〝送钟〟のタブー

〝钟〟を出すと必ず話さないといけないのが〝送钟〟の俗信である。〝送钟〟が〝送终〟と音が同じだから縁起が悪いというもので、中国語を学んでいるものにとっては、〝梨〟を分けて食べるのが〝分梨〟つまり〝分离〟に通じるのと同じく常識に属する俗信だ（もっとも、日本の中日辞典がこのタブーをすべて記述しているわけではない）。

〝送终〟は悪いことか？

しかし、わたしには以前から合点がいかないことがあった。それは、〝送终〟は「死を看取る、死に水を取る」ことであるから、むしろいいことではないかという疑問である。現に、インターネットを検索しても〝我为母亲送终〟（母の死を看取る）、〝千里奔丧为母送终〟（遠くから駆けつけ母の最期を看取る）、〝给父亲送终〟（父の最期を看取る）のように、万難を排して親の死に目に駆けつける記事が目につく。これがなぜいけないのか。

それはすでに臨終にある親の死に目は口にしていいし、そこに駆けつけることは賞賛すべきことなのだが、元気なものに対して、〝送終〟を連想させる〝送钟〟を使うことはタブーとなるのである。インターネットに、宋という若者が、鍾（鍾と鐘は同音）という姓の女性を好きになったが、宋一家の猛反対にあったという話が出ていた。宋が鍾と結婚すると〝宋钟〟→〝送钟〟→〝送終〟となるから縁起が悪い（〝不吉利〟）というのである。しかも、タイミングの悪いことに宋君は鍾さんを連れて、病気で入院中の〝奶奶〟の見舞いに行った。〝奶奶〟からすれば、これこそ〝送終〟に来たということで、鍾さんは病室から追い出されてしまった。しかし、宋君はこんなことで別れはしないと言っているそうだ。そういえば、わたしたちなら、「母が亡くなって」と同じように「母が死んで二五年になる」などということばを口に出すことがあるが、中国人ならこんなとき間違っても〝死〟ということばは口にしない。

◈本当にあった話

前にあるところに書いたことがあるが、〝送钟〟についてはわたし自身自ら体験した事件がある。それは、わたしの教え子の一人が〝总经理〟をしている北京のある日本料理店が開店五周年記念に〝闹钟〟（目覚まし時計）を配ったときのことである。わたしは初日に行ったときに意外な感じがしたので、「これ大丈夫なの？」と聞くと、かれは「中国人スタッフにも相談しましたから」と言う。「そうか、中国人もあまり気にしなくなったか」と思いながら、また数日後に行くと、記念品がボールペンに代わっていた。「やっぱりね」というと、かれは苦笑いしながら「若い人はよかったんですが、年配の人がどうもいやがったもので」と釈明した。その話を次の日にある親しい中国人に話すと、かれも日本から帰国するとき、折りたたみ式の目覚まし時計をたくさん買って帰ったが、ごく親しい友だち以外はみんなもらうのをいやがったという(最近ある大学の国際交流課の人から、中国の代表団に置き時計を送ったという話を聞いて驚いたが、こういうタブーは一般にはなかなかわからない)。

◈〝送表〟もいけない?

では、watchならいいのか。たしかにネット上には、友だちや結婚相手の親に〝表〟を送りたいがどうだろうという質問があることはある。まわりの中国人何人かに聞いた限りでは、誰にでもできるわけではなく、恋人同士なら大丈夫だという。恋人同士には〝情侶表〟〔ペアウォッチ〕まであるそうだから。

〝鞋〟と〝靴子〟

◈〝鞋〟と〝靴子〟

中国語が世界をどう語彙化しているかを知るのに輿水優他編著『中国語図解辞典』(大修館書店、一九九二)は格好の資料になると前回書いた。〝钟〟と〝表〟の境目はすぐに見分けがつくが、クツをどこで〝鞋〟と〝靴子〟に分けるかについては、クラスでクイズに出しても一度でなかなか正解が出ない。正解はブーツ状のものが〝靴子〟で、あとはすべて〝鞋〟の仲間である。日本のクツ屋の看板の〈靴〉は日本語のよくわからない中国人にはブーツ専門店に見えるという。ちょうど〈湯〉がスープ専門店に見えるように。日本の学生に聞くとサンダル、ミュール、スリッパ、わらじと一般の靴の間で線を引きたいようだ。

『中国語図解辞典』(輿水優他編著、大修館書店、一九九二)

考えてみれば、日本語のクレヨン（蜡笔）、チョーク（粉笔）、鉛筆（铅笔）、ボールペン（圆珠笔）、万年筆（钢笔）、毛筆（毛笔）すべてを〝笔〟でくくる中国語である。というより、日本語ではいろんな語種からつくられているものを、中国語では語のカタチの共通性から一つにまとめているのである。靴の仲間をあげてみよう。

草鞋〔わらじ〕／拖鞋〔スリッパ・サンダル・ミュール〕／凉鞋〔サンダル〕／冰鞋〔アイススケート靴〕／旅游鞋〔スニーカー〕／休闲鞋〔カジュアルシューズ〕／皮鞋〔革靴〕／高跟鞋〔ハイヒール〕

日本語だと「はきもの」という上位語でくくるところを、中国語では〝鞋〟の共通性でささえているのである。『講談社中日辞典』（一九九八、第二版二〇〇二）が〝-鞋〟はもちろん、〝-灯〟〝-包〟といった語を「逆引き単語帳」として示しているのは学習者にとって有益な情報である。

❖〝拖鞋〟

そのうち、〝拖鞋〟＝「スリッパ」だと思っている人は多いし、『東方中国語辞典』（東方書店、二〇〇四）も訳語に「スリッパ」しかあげていない。しかし、〝拖鞋〟というのはサンダルやミュール等々にも対応する。〝凉鞋〟との差はかかとのヒモ（带子）がついているかどうかである。しかし、このかかとのヒモのないクツ＝〝拖鞋〟は、中国では〝背心(儿)〟〔ランニングシャツ〕と並んできわめてラフな格好とみなされ、一般には授業に履いてくることが禁止されている。まして、素足にミュールなどというでたちは、きわめておぞましいものなのである。日本の学生を教える中国

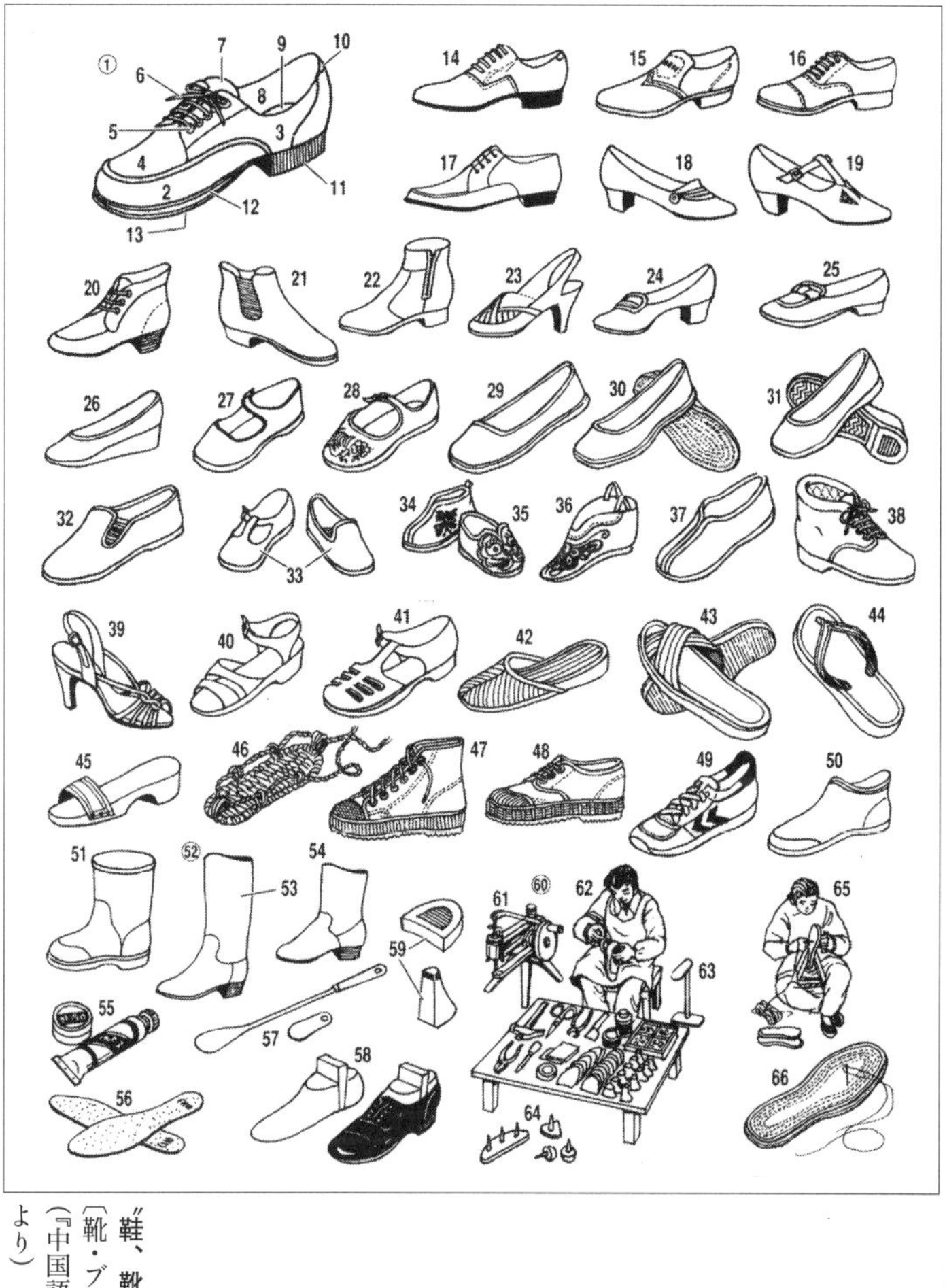

〝鞋、靴子〟
〔靴・ブーツ〕
（『中国語図解辞典』より）

人教師の中には〝穿拖鞋上课〟（〝拖鞋〟を履いて授業に出る）を嘆くものが多い。二〇〇五年に訪れた台湾の中正紀年堂にも写真のような掲示があった。日本では考えられないことだろう。相原茂さんの『「感謝」と「謝罪」』（講談社、二〇〇七）には、中国人と日本人の裸足に対する感覚の違いが興味深く描かれている。

◈どこでもダメ？

しかし、中国どこでも〝穿拖鞋上课〟はおぞましいものだろうか。わたしは毎年大学の「言語文化論」という講義でこの話をするが、あるとき南方出身の中国人留学生から「先生、それは北方の場合で、南では裸足に〝拖鞋〟は当たり前です」という話を聞かされた。そうだろう。中国は広い。わたしたちはともすれば北京や上海を基準に中国や中国語を一般化しがちだが、本当は、地域はもちろん世代間の違いも無視できない。

とは言っても、〝穿拖鞋上课〟を礼儀のないものとして嫌う教師が多いことは確かだ。インターネットにはこのことをめぐる教師と学生の熱い議論がたくさん出ている。〝拖鞋〟と〝凉鞋〟では、〝凉鞋〟も「ヒモが一本多い」（多了一根带子）だけではないかという学生に対し、ある教師は「車を運転する際、そのヒモがなければ罰せられるではないか」と言って反論しているが、その教師自身あまり説得力がないと認めているほどだ。ネットにはまた、南方の大学で学ぶ娘が〝拖鞋〟姿で帰省し、「大学では学生はおろか、クラス担任、若い女性教師たちも〝拖鞋〟で授業をしている」と言って、父親を困惑させる記事が出ている。辞書の記述にこうした中国人の感覚まで求めるのは酷だろうか。

◈〝老了〟

ことばのタブーに関し最近誤読をした。今は教師となり、結婚を決めた女性が、ずっと思いを寄せてきた高校の恩師にあいさつに行ったとき、その奥さんから記念にと言って腕輪を贈られる場面である。

这是我当年嫁给你老师时候的聘礼，还有一只，我留下了。等有一天我老了，再交给你。

靴屋の看板。
〝**皮鞋**〟〔革靴〕
〝**休闲鞋**〟〔カジュアル・シューズ〕
〝**旅游鞋**〟〔スニーカー〕
〝**北京绣花鞋**〟〔北京刺繍靴〕

台北の中正紀念堂にて。
〝**穿著拖鞋服装不整謝絶参観**〟
〔スリッパばきとだらしない服装の方は参観お断り〕

／これは私がその年にあなたの先生に嫁いだときの結納品で、もう一つあって、それは私がとっておきます。私が亡くなったらあなたにあげますね。

このあとに〝我的老师他老了，我喜欢的这个男人已经开始老了〟（私の先生は年をとった。私の好きなこの人はすでに年をとり始めた）というせりふがあったので、最初のせりふも恩師の奥さんが年取ったときと解釈してしまったのだが、授業に出ていた中国人の先生の一人から「ここは死ぬことです」という指摘を受けた。

中国人が〝死〟ということばを直接口に出して言うことを日本人以上に憚るということを前回書いた。〝死〟に代わることばとして〝不在了〟〝走了〟〝去了〟は知っていた。〝见马克思去了〟（マルクスに会いに行った）というのも知っていた。ある論文には〝死〟に代わることばを百以上もあげているほどだ。しかし、この「（年をとって）亡くなる」という〝老了〟にはみごとにひっかかってしまった。〝等我老了～〟という表現がたいてい「年を取ったら」という意味にとれていたからだ。三十年以上も中国語教師をやっているのにこんな読み間違いをするなんて。外国語は本当に恐ろしい。

鞋 xié

靴

「鞋」ということ字から「草鞋」が思い浮かべばかなり漢字通だ。もちろん、この三枚の写真の店は草鞋屋さんではなく靴屋さんである。

"鞋"〔靴〕　靴屋の店先。

漢字のチカラ(10)

"鞋城"〔靴の専門店街〕

"平价鞋店"〔低価格靴店〕

メダルとカードが同じことば？

◈なにが同じか

　中国語がこの世のモノをどのように分類しているかについてはこれまでも何回か書いてきた。日本人には同じ時計でも〝钟〟と〝表〟に分けるとか、同じクツでも〝鞋〟と〝靴(子)〟に分けるとかである。背もたれのあるものは〝椅子〟で、それがないものは〝凳子〟、同じ籠でも提げるところがあるものは〝篮子〟lánzi、ないものは〝筐子〟kuāngzi というふうに、あげていくと切りがない。こういうものは歴史的に調べてみると面白いかも知れない。

たとえば〝靴〟は本来騎馬民族の乗馬用のはきものである。一方の〝鞋〟も「草鞋」(わらじ)としては日本語に入っている。なのに、どうして日本語では〝鞋〟がひっこんで〝靴〟という字がクツを代表しているのか。〝椅子〟にしても、背もたれのない〝凳子〟が日本にあるにもかかわらず、どうしてそれをも〝椅子〟で代表させているのか。〝椅子〟の〝椅〟が〝倚〟(よりかかる)に通じるという自覚がなかったのか。こういう過程がわかると面白い。

　なんにせよ、中国人がどういうものを一つのものとしてまとめているか、あるものに名づけるとき、それをなんの仲間と考えているかの情報を辞書は与えるべきである。同時に、わたしたち外国人学習者も中国語を学ぶときに、そういう感覚を養っていきたい。『講談社中日辞典』

（一九九八、第二版二〇〇二）の編者がこうしたことまで意識していたかどうかわからないが、「逆引き単語帳」はこの問題を考える上でとても役に立つ。

◈〝包〟とはなにか？

〝包〟は一方で〝包子〟（包んだもの→パオツ、肉まん）があって、パンがはいってきたときに〝面包〟がつくられたのだろう（もっとも最初は〝面头〟〝面饼〟〝馒头〟なども使われた。中国におけるパンの受容については故尾崎實氏による興味深い論考がある。『尾崎實中国語学論集』〔好文出版、二〇〇七〕を参照）。

〝包〟は「包み」からカバンの仲間を構成する要素にもなった。たとえば、

书包（カバン）／手提包（手提げ、ハンドバッグ）／挎包（ショルダーバッグ）

などである。

〝钱包〟（財布）もカバンの仲間ということになるが、日本人の感覚としてはサイフまで同じものと見るのは難しい。書類を入れるカバンでも、丸みを帯びたものは〝公文包〟（ブリーフケース）だが、四角張ったものなら〝公文箱〟（アタッシュケース）になる。輿水優他編著『中国語図解辞典』（大修館書店、二〇〇二）九二頁には、〝箱〟と〝包〟を対比させた図がたくさんあがっている。

◈〝〜箱〟の仲間

〝箱〟の仲間には次のようなものがある。

集装箱〔コンテナ〕／皮箱〔トランク〕／书箱〔本を入れる箱〕／信箱〔ポスト〕／票箱〔投票箱〕／烤箱〔オーブン〕／冰箱〔冷蔵庫〕

コンテナからポストまでが〝箱〟というわけだ。ただし、箱でも小さいのは〝盒〟である。

鉛笔盒〔筆箱〕／火柴盒〔マッチ箱〕／眼镜盒〔眼鏡ケース〕／八音盒〔オルゴール〕／骨灰盒〔骨壺、遺骨入れ〕

ここにくると〝袋〟との境が問題になる。たとえば、筆箱や眼鏡ケースは、〝铅笔袋〟〝眼镜袋〟ともいう。これらは形状がいくぶん異なる。〝铅笔盒〟は、角張ったものだが、今は丸みを帯びた合成皮革やビニール製のものが好まれるようで、それは〝铅笔袋〟である。眼鏡ケースも同じだが、〝眼镜盒〟〝眼镜袋〟の差は時にあいまいである。なお、こういうものの姿形をみるには中国の検索サイトの「百度」の〝图片〟をクリックしてみるとよい。

◈〝照〟とはなに?

〝护照〟がパスポートであることは誰でも知っている。しかし、これがなぜパスポートになるのか。〝护〟が「保護する」というのはわかる。では〝照〟とはなにか。すぐにピンとこないのは、この字の意味が日本の「照」にないからである。また〝小照〟〔小さな肖像写真〕、〝结婚照〟〔結婚写真〕、〝遗照〟〔遺影〕、〝近照〟〔近影〕の〝照〟は「写真」である。〝照片〟は「写真」で「撮った写真」という意味である。〝结婚片〟は「婚礼写真」ではなく「結婚式で撮ったビデオ」に理解される。

〝护照〟の〝照〟とは写真の〝照〟ではなく、〝执照〟〔証明書〕という意味である。〝车照／驾照〟〔運転免許証／車検証〕、〝牌照〟〔許可証〕などもその仲間だ。

◈〝牌〟はどうとらえるべきか

中にはなぜこれらが同じ字〔語素〕で括られるのかとらえがたいものもある。〝绿卡〟が「グリーンカード＝永住許可証」であることをたいていの人は知っている。では、サッカーなどの「イエローカード」「レッドカード」は何というか。これは〝卡〟ではなく、〝红牌〟〝黄牌〟である。この〝牌〟を中国人はいったいどういうものととらえているのか。

〝牌〟のもとの意味は「札」である。「トランプ、花札、麻雀パイ」の類も同じく〝牌〟である。〝红牌〟や〝黄牌〟は「札」やトランプの仲間というべきか。〝登机牌〟〔搭乗券〕もこの仲間だろう。「札」とはまた機能から言えば「掲げるもの」だ。〝品牌〟〔ブランド〕はこの掲げるものからきているのだろう。

〝门牌〟〔表札、ドアに貼るプレート〕、〝车牌〟〔車のナンバープレート〕、〝路牌〟〔街路名プレート〕になるとだんだん形は大きくなる。しかし、「札」の仲間、「掲げるもの」と考えるとわかりやすい。建物としての〝牌坊〟〔功績のあった人を表彰したり、美観のために建てられた門〕、〝牌楼〟〔〝牌坊〟に屋根のついたもの〕もそうだろうか。〝牌〟はさらに〝金牌〟〝银牌〟にまで使われる。これは「メダル」である。メダルとカードがなぜ同じ〝牌〟なのか。これも、要するに「掲げるもの」だからだろう。

箱 xiāng 大きなはこ

日本語の「箱」は、昔はソウという音もあって、「百葉箱」(ひゃくようばこ)は「ひゃくようそう」と読まれたらしい。それが、いつのまにか「ひゃくようばこ」になり、〜ソウという熟語はみられなくなった。今この字は「〜ばこ」に当てて使われるだけで、マッチ箱から、弁当箱、ゴミ箱、下駄箱、木箱まで、形は方形、大きさは幅がある。一方、中国語の〝箱〟は、〝救急箱〟(救急箱)、〝信箱〟(郵便箱)、〝跳箱〟(跳び箱)のように対応するものもあるが、〝保险箱〟(金庫)、〝冰箱〟(冷蔵庫)に当たる日本語は「庫」である。どれも比較的大きい。だから、もし中国の薬屋で薬を〝一箱〟ほしいと書いたら、ボール箱が出てくることを覚悟しなくてはいけない。これ以下だと〝饭盒〟(弁当箱)、〝铅笔盒〟(筆箱)、〝火柴盒〟(マッチ箱)のように〝盒〟を使う。〝盒〟は常用漢字にないから日本ではなじみが薄い。大きなものでは〝皮箱〟(トランク)、〝水族箱〟(水槽)、〝集装箱〟(コンテナ)なども〝箱〟である。

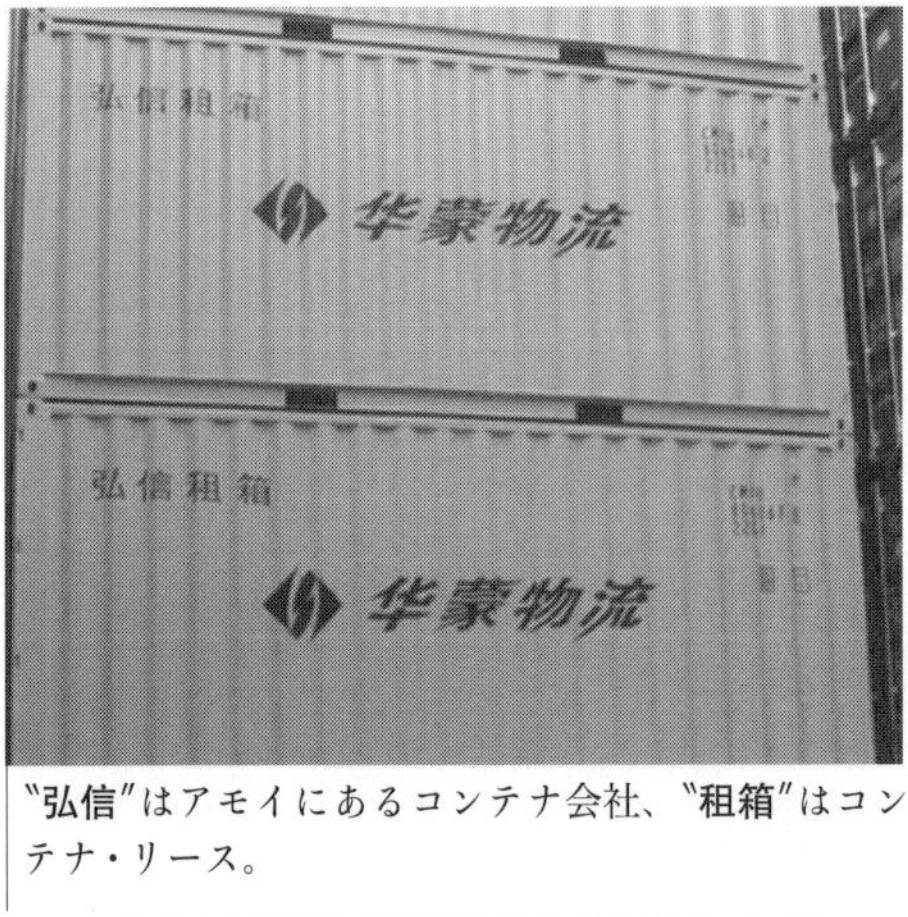

〝**弘信**〟はアモイにあるコンテナ会社、〝**租箱**〟はコンテナ・リース。

包 bāo

包んだもの、包むもの

二〇〇九年の二月、北京の大柵欄を歩いていて面白い看板にでくわした。読者はこの写真の看板を見て、なにを売る店か想像できるだろうか。最初の二字は店の名前。〝箱〟は、上の〝箱〟ですでにあげたように大きな箱、トランクの類。では、〝包〟とはなにか。「包んだもの」ということでは〝包子〟や〝面包〟(パン)がある。〝面〟は小麦粉。今でこそほとんど見かけなくなったが、ひところ北京で一〇キロ一〇元で走っていた、こっぺパンに似たタクシーは〝面包車〟と呼ばれた。一方、「なにかを包むもの」ということではバッグ、カバン類を意味する。ここの〝包〟とは「カバン、バッグ」のことである。しかも、〝箱〟のように四角張っていないもの。学生などがもつカバンは〝书包〟。〝手提包〟は手で提げる包み→「ハンドバッグ」。〝挎包〟は「ショルダーバッグ」。〝公文包〟は角のない書類を入れるカバン、ブリーフケースである。この仲間の端に位置するのは〝钱包〟(財布)。こんなふうに、中国語の〝包〟は「包み」というだけではとられきれない。

〝鑫〟は豊かな財貨で、店名、人名によく使われる。次の字は「滙」。

漢字のチカラ(12)

Ⅱ

中国語の記述をめぐって

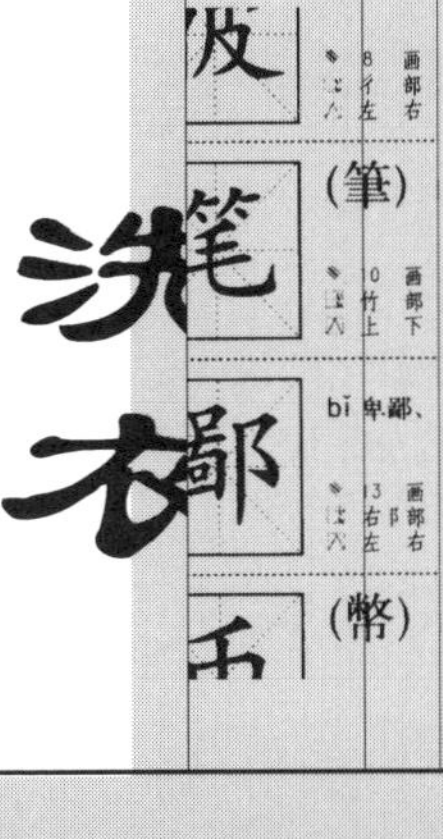

語素はあなどれない——「語素」の話❶

◈単語にならない語素にも注意を

この夏（二〇〇七年）は仕事で二度も北京を訪れた。一度目は七月初めの孔子学院世界大会への出席、二度目は学生の短期セミナーへの引率である。去年もそうだったが、この年の北京は〝桑拿天〟（サウナのような天気）と言われるだけあって、じっとしていても汗がにじみ出た。歩けばなおのことだ。それでも街を歩いた。歩きながら考えたことの一つを書いてみたい。

読者は中国語の辞書になぜ〝词典〟と〝字典〟があるのか考えたことがあるだろうか。『岩波中国語辞典』（一九六三）はすばらしい辞書ではあるが、あのような単語だけを収める辞書が、中国語の世界において主流にならず、漢和辞典のような親文字方式が中心なのはなぜかという問題である。つまり、中国語のような言語では、単語だけをとりあげていては不十分で、単語の構成成分となる字（語素）、口語では使わないけれど文語的な表現では出てくる字についての知識が不可欠だということである。そのことを最近ますます感じるようになった。

たとえば、「(道の)両側」は口語では〝両旁〟だが、道路標示だと〝道路両側〟と書いてある。日本人にはなんでもないが、中国人にはこの〝側〟は難しい字だろう。これ以外にも、〝下雨〟↓〝降雨〟(雨が降る、降雨)、〝到七点〟↓〝至七点〟(七時まで)、〝离↓距北京奥运会开幕还有〜天〟(北京オリンピック開幕まであと〜日)などなど文語的な成分を街の標示でよく目にする。複合語について言えば、〝查询〟〝询问〟〝咨询〟の〝询〟は単独では使わない。しかし、上のような複合語はよく出てくるし、プリペイト携帯電話の残りの金額を聞こうとすると〝查询余额请按2〟(残額の問い合わせは2を押してください)のようなアナウンスが流れる。だから、こういう語素の意味も知っていないといけない。

セミナーで、学生の授業を聴講していて気づいたことがある。それは、たとえば、「味見をする」の〝尝〟はわかるのだが、先生が〝品尝〟ということばを使ったとたんに学生はわからなくなることだ。先生としては少し改まったニュアンスで使ったのだろう。辞書を引くと〝品〟にも「味見をする」と出ているし、単語としての例もあがっている。やさしい一音節の語が二音節になるときにどのような類義的な語素と結びつくかという知識も中国語をより深く理解していく上では必要なことだ。

◈〝衣〟と「衣」

日中での違いも問題にしないといけない。たとえば、〝服〟はふつう単独では単語にならず、

「服を一着買った」は〝买了一件衣服〟と言わなくてはならない。しかし、〝衣〟の方は、〝丰衣足食〟（衣食が満ち足りていること）、〝衣食住行〟（衣食住と交通手段、生活に必要なもの）のような四字句の中にあらわれるし、〝大衣〟（コート）、〝毛衣〟（セーター）、〝上衣〟（上着）、〝内衣〟（下着）、〝寿衣〟（死装束）、〝睡衣〟（パジャマ、ネグリジェの類）、〝雨衣〟（レインコート、雨合羽の類）のように多くの単語の構成成分ともなっている。〝大衣〟以下は修飾関係の場合だが、動詞＋目的語関係においても〝洗／衣服〟（服を洗う）が〝洗衣〟のように略されることがある。街のクリーニング屋さんの看板はこれが多い（〝洗衣〟はさらに〝洗衣店〟（クリーニング店）、〝洗衣机〟（洗濯機）のように三音節の語をつくる場合にも使われる）。日本語では名詞表現をするところに動詞表現をするのも中国語の特徴で、ほかに街で見かけたものに〝配钥匙〟（合いカギつくります）、〝修锁〟（カギ修理します）などがある。〝出租自行车〟（レンタサイクル）は修飾構造にとれそうだが、〝配钥匙〟〝修锁〟と同じく、「動詞＋目的語」の構造である。

「服」を表す中国語の語素には〝衣〟の他に〝服〟〝装〟があり、これらと日本語の「衣」「服」「装」（さらには和語の「着《き》」）のつくる複合語との違いについては、かつて調べて書いたことがある（『講座日本語学一二　外国語との対照三』明治書院、一九八二）。そこでわかったことは、日中で同じ漢字が使われ、意味も似かよっていたとしても、それらがつくる複合語にかなり違いがあるということだった。

もう一つ例をあげよう。たとえば〝餐〟についていえば、日本語は、「晩餐」「午餐」「正餐」くらいしか思いつかないが、中国語では〝早餐〟（朝食）、〝中餐〟（中国料理）、〝西餐〟（西洋料理）、〝日餐〟（日本料理）、〝晩餐〟（晩御飯、ディナー）、〝快餐〟（ファストフード）、〝野餐〟（野外での食事）、〝餐车〟（食堂車）、〝餐巾〟（ナプキン）、〝餐具〟（ナイフやフォーク、皿などの食器）、〝餐厅〟（レストラン）、〝会餐〟（会食する）、〝聚餐〟（会食する）、〝进餐〟（食事をとる）、〝就餐〟（食事をとる）、〝用餐〟（食事をとる）のようにおびただしい数の複合語をつくっている。おなじく「餐」を使っていても、その重みには違いがあるというべきである。こうしたことが何に基づくのかはまだよくわからないが、日中同形語は、「手紙」「汽車」のような例だけでなく、字（語素）のレベルにおいても、個別に地道に調査研究を進めていかなくてはならない。

◈飛行機を表す「機」と〝机〟

今回特に気になったのは飛行機を表す「機」と〝机〟の違いである。空港につくなり〝转机〟（トランスファーする）という語が目に入る。今回は北京―大連間のチケットも買ったから〝机票〟（飛行機

上から
〝洗衣〟（クリーニング）
〝修锁〟（カギ修理します）
〝配钥匙〟（合いカギつくります）
〝出租自行车〟（レンタサイクル）

のチケット〕も耳にした。「機」と〝机〟は略称起源の語素で、字自体に「飛行機」の意味があったのではない。しかし、近年略称起源の語素が日中ともに活躍している。

日本語の「機」も「飛行機」の意味で、

機影／機首／機種／機長／機体／機内／機中／敵機／米機／戦闘機／艦載機／策敵機／セスナ機

のような複合語をつくっている〔単独で「機から下りる」のような用法もある〕。

これに対し中国語はそれ以上の複合語をつくっているだけでなく、意外に共通のものが少ない。

机场〔空港〕／机群〔飛行機の群れ〕／机舱〔飛行機の胴体〕／机票〔飛行機のチケット〕／机组〔飛行機の乗務員〕／客机〔旅客機〕／货机〔貨物機〕／班机〔定期便〕／专机〔専用機〕／僚机〔僚機〕／军机〔軍用機〕／战机〔戦闘機〕／长机〔隊長機〕／转机〔トランスファーする〕／接机〔飛行機でくる人を迎えにいく〕／劫机〔ハイジャックする〕

〝机场〟や〝机票〟はもともと〝飞机场〟〝飞机票〟からできたものだが、これは〝照相机〟〔カメラ〕が〝相机〟となったように、中国語が三音節より二音節を好むからである。面白いのは、〝转机〟以外にも〝接机〟〔飛行機でくる人を迎えに行く〕、〝劫机〟〔ハイジャック〕のような、動詞＋目的語構造のものがあることだ。こういう造語は日本語の漢語ではなかなかできない。

〝子〟は男それとも子ども？——「語素」の話❷

◈日本語の「子女」は女？

日本語で「帰国子女」というと、女子だけと思っている人が意外に多い。しかし、日本語の「帰国子女」は男女両方を指す。誤解の原因にはおそらく二つある。一つは、帰国子女には女の子が多いということがある。マスコミで活躍している帰国子女の大半は女の子だ。男の子はそんな奔放な生き方はできない。遅くとも高校ぐらいになれば、早々と帰国し、正規の学校のレールにのせられる。もう一つの誤解の原因の一つは、日本語で「良家の子女」というときは女の子のことを指すからだ。『日本国語大辞典』（第二版、小学館）があげる後者の初出の例はなんと一九三五年である。この意味は比較的新しく生まれたもののようで、日本でも、もともと「子女」と言えば男女両方を指していたのである。

◈中国語の〝子女〟は？

一方、中国語の〝子女〟は男女両方（〝儿子和女儿〟〈息子と娘〉——『現代漢語詞典』第五版、商務印書館、二〇〇五、以下『現漢』）を指す。中国人に聞いても、そんなの当たり前でしょうという顔をされる。男女双方を指すということは、〝子〟が男子を意味するということである。

昔、「一人っ子」を中国語では〝独生子〟だと思っていたときがある。しかし、『現漢』には、〝唯一的儿子〟とあって、正確には「男の一人っ子」である。女の子は〝独生女〟と言わなくてはならない。ここでも、〝子〟が男で、〝女〟が女である。

しかし、「私生児」は〝私生子〟ひとつで男女の区別がない。いったいどういうことだろう。中国の人たちに聞いていくと、「一人っ子」も〝独生子〟で両方意味するのではないかという人もでてきた。中国人にとっても、〝子〟は男の子であったり、子どもであったりするようだ。わたしが昔〝独生子〟で男女両方を指せると思ったのはあながち間違いではなかったのかもしれない。

◈〝孙子〟＝孫？

親族名称では、長幼の別と男女の別の有無がよく問題になる。英語の brother と sister に長幼の区別がないのは有名だ。しかし、日本語でも「おじ、おば」には長幼の区別がない。男女の別はどうだろう。韓国語のトンセンは弟妹両方を含むことばだが、日本語でも「おとうと」は「おとる＋ひと」から来ていて、昔は妹の意味でも使った。きょうだいは漢字で書けば男女の区別があるが、孫ではそれがない。だから、日本人は、中国語で〝孙子〟が出てきても、つい、＝孫と思ってしまう。しかし、中国語の〝孙子〟は〝孙女〟に対するもので、男の孫を意味する。おい、めいは、中国語でも〝侄子〟〝侄女〟のように〝子〟と〝女〟で区別する。こういうふうに、ことばに〝子〟と〝女〟が含まれるものは、それで男女を区別しているのである。ただ、ここで一つ疑問が生じる。それは、〝孙女〟sūn・nǚ〝侄女〟zhí・nǚ の〝女〟は第三声で読まれるのに、〝孙子〟sūn・zi、〝侄子〟zhí・zi の〝子〟は軽声で読まれることである。男の子の意味だと、もとの声調――第三声で読まれるはずなのに、ここでは軽声で読まれているのである。〝孙子〟の〝子〟は接尾辞化しているのだろうか。

◈〝子〟は古代では子ども?

『現漢』の〝子〟の項の①には、

古代指儿女，现在专指儿子。／古くは男女両方だったのが、現在ではもっぱら息子のみを指す。

という説明がある。今、楊柏峻の『論語訳注』(中華書局、一九五八)、『孟子訳注』(中華書局、一九六〇)につけられた詞典で見ると、男だけを指す例の方が少なく、だいたいは子ども一般で使われている。しかし、ことわざや古典で〝子〟が出てくると、いつもこれは男だけではないのかという疑問に襲われる。

〝孙子〟をひっくりかえした〝子孙〟も、『現漢』によれば、

儿子和孙子，泛指后代。

とあって、「子孫すべて」も指すが、本来は「息子と男の孫」である。しかし、これは古くからあることばだから、ここではもともと男女の区別がなかったのかもしれない。〝子子孙孙友好下去〟(子子孫孫にわたって友好関係を築く)の〝子子孙孙〟が男だけなら、女性から文句がでるだろう。

◈〝儿〟は子ども？　息子？

〝子〟と同じく〝儿〟も子どもの意味か男の子か区別に迷うときがある。一般に〝儿女〟というときの〝儿〟は男だ。〝生儿育女〟〔子を生み育てる〕の〝儿〟もそうで、〝女〟と対比される。しかし、子ども一般の意味で使われるときもある。たとえば、わたしが愛用する『常用俗語手冊』（北京語言学院出版社、一九八五）にあげる、つぎのことわざの〝儿〟は、注釈には〝儿：儿女，孩子〟とする。

儿不嫌母丑。／子どもは母親がどんなにみにくくても嫌わない。

この〝儿〟を〝子〟とする言い方もある（〝子不嫌母丑〟）。この〝子〟は「子ども」だろう。

儿的生日，娘的苦日。／子どもの生まれた日は母親が苦労を開始する日。

儿行千里母担忧。／子どもが旅に出れば母親は心配する。

养儿方知父母恩。／子どもを育ててはじめて親の恩を知る。

しかし、

养儿防老。／息子を育てて老後に備える。

树大分杈，儿大分家。／木は大きくなれば枝ができ、息子は大きくなれば家を出る。

の〝儿〟は息子の意味だ。また、同辞書にあげる、

龙生九子，九子各别。／竜が生む九人の息子はそれぞれ性格が異なる。

知子莫若父。／息子のことをもっともよく知っているのは父親である。

の〝子〟を同辞書は〝儿子〟息子とするが、竜の例では、〝姐姐〟と〝妹妹〟について言っている。

たとえば、

姐姐是慢性子，什么事也不着急，妹妹却性如烈火，干什么都急得不得了，真是龙生九子，九子各别！

／姉はおっとりさんで、何事もゆっくりだ。しかし、妹は激しい性格で何事もあっというまにやってしまう。本当に龍の生んだ九人の子の性格はそれぞれ違いがある。

『常用俗語手冊』（徐宗才・応俊玲編著、北京語言学院出版社、一九八五）

餐 cān

食事、料理

"餐"という字はもともと改まったひびきをもっていたはずだ。「一日三食」は俗なことばでは"一天三頓"だが、改まって言えば"一日三餐"である。ところが、現在この字は改まったとは言えない語にも使われるようになった。その一つが"快餐"〔ファストフード〕で、そこでのセットメニューが"套餐"というわけである。なお、この"快"はスピードが速いこと、"套"はセットを意味する。"点菜"〔料理を注文する〕も改まって言えば"点餐"、「どうぞお召し上り下さい」も"用餐"である。

"超值套餐"〔バリュー・セット〕 マクドナルドのメニューから。ハンバーガーとMフライドポテト、ドリンクがセットになって。

"请这边点餐"〔こちらでご注文ください〕

行 xìng よい、オーケー！

現代中国語で〝行〟(シン)と言えば「よい」、〝不行〟(プーシン)は「だめ」という意味である。中国語を知らなくても、聞いた覚えのある人はいるだろう。だから、教室でも、現代中国語で〝行〟という字を見たら、まずそう解釈すべきで、「行く」などと訳してはいけないと口を酸っぱくして言う。では、現代語では〝行〟に「行く」という意味はまったくないのだろうか。

エスカレーターの「下り」標識。〝**下行**〟は列車の下りにも使う

実は、この意味も現代語には存在する。ただし、それは〝行走〟(行く)、〝行人〟(通行人)、〝歩行〟(歩いて行く)、〝上行〟(のぼり)、〝下行〟(くだり)のような熟語や、ある限られたワクの中においてだけである。たとえば、中国語では日本語と違い、〝衣食住〟に続けて〝行〟という。〝衣食住行〟である。この〝行〟とは「行く→交通手段」のことである。交通標語の〝红灯停，绿灯行〟(赤は停まれ、緑《あお》は進め)の〝行〟も「行く」である。こんなふうに、限られたワクの中では、古い意味が時に顔を出す。中国語はあなどれない。

停 tíng

止まれ

交通標語〝红灯停，绿灯行〟〔赤は停まれ、緑《あお》は進め〕の〝停〟は「止まる」ということだが、この場合〝止〟は使わない。そういう日本語も「停車禁止」は「停」を使って「止」とは書かない。もっとも、中国語で〝止〟を「～をとめる」という意味で使う語には、〝止血〟〔血を止める〕、〝止痛〟〔痛みを止める〕のほか、〝游人止步〟〔観光客はここまで＝歩みを止める〕などがあって、日本語よりも多い。「止」は、日本語では「止まる、止める」という訓があるものの、中国語と共通な熟語は〝止血〟ぐらいである。

自動車を運転している人なら、「停車」と「駐車」の区別を知っている。道路交通法では、「停車」は五分以内でなければならない。ところで、中国語ではこれらはともに〝停车〟と言う。「駐車場」は〝停车场〟である。「駐」という字は中国語にもあるが、これは〝驻日本国大使〟のように使うだけである。

〝车库门前　禁止停车〟
〔車庫前につき駐車禁止〕

漢字のチカラ(**15**)

〝停车场〟〔駐車場〕

门 mén
出入り口

中国語で〝门〟という字が出てきたら、たいてい「ドア」のことで、「門」そのものを指すことは少ない。「門」の字源は、片開きのドアである「戸」を二つ合わせた、両開きのドアのこと。「門」は日本語だと塀につけられた出入り口だが、中国語ではそこは〝大门〟と呼び、一般的には建物の出入り口が〝门〟である。したがって〝敲门〟といえば「ドアをノックする」こと。しかし、この言葉からイメージすべきはむしろなにかの「出入り口」である。〝车门〟は「車のドア」。これは門とは言えまい。〝电门〟は電気の通るところでスイッチ(ただし、今ではふつう〝开关〟という。「あけ開き」である。〝电门〟はすでに古くさいことばでこれを知らない中国人も多い)。〝柜门〟は「タンスの扉」、〝炉门〟はストーブの通風口、オーブンの扉。〝球门〟は「(サッカーなどの)ゴール」。〝油门〟は「アクセル」のことだ。こんなふうに、中国語の〝门〟はなにかの「出入り口」というとらえ方をしておいた方が応用が利く。では〝快门〟とはなにか。これはカメラのシャッターのこと。その開閉があまりに速いところから名づけられたものである。

〝左刹车　右油门　别弄错!〟
〔左がブレーキ　右がアクセル　間違わぬよう!〕 運転席の表示。中国の自動車教習所で。

修 xiū

修理する、つくる

写真を見れば「自転車修理」だということがわかるが、もし〝修车〟の看板だけをみせられたら、なにをするところかすぐに想像がつくだろうか。まず〝车〟が中国語ではときに「自転車」のことだと思わないといけない。さらに、日本語では〝修〟という一字で「修理」まですぐには連想できないということがある。「修＋名詞」での「修」は「修史」(歴史書を編纂する)、「修身」(身の行いを正しくする)のような「おさめる」という意味でしかないからだ。「修理」の意味は「修理」や「修繕」のような二字熟語になってはじめて現れる。もっとも、後が「車」だから勘のいい人なら「修理」を思いつくかもしれない。では〝修路〟〝修桥〟〝修铁路〟〝修水库〟の〝修〟はというと、今度は「道をつくる(道路工事をする)」「橋をつくる」「鉄道を敷く」「ダムをつくる」という意味になる。〝修〟から「修理」は連想できても、ここからさらに「つくる」という意味まで思い至るのは難しい。

〝修车〟〔自転車修理〕モータリゼーションの時代に入った中国でも自転車はやはり「身近な足」。

位 wèi ポジション

中国語を一年でも勉強した人なら、〝座位〟（坐位）が「座席」だということがわかるかも知れない。これは〝位子〟とも言う。飛行機のチェックインをする時、窓側の席がほしければ〝我要靠窗戸的位子〟、通路側なら〝我要靠过道的位子〟と言えばよい。この〝位〟は〝在位〟〝退位〟〝方位〟〝水位〟〝潮位〟〝学位〟等日中で共通のものも多いが、そうでないものもある。

〝车位已满〟〔満車〕
北京市内の自転車置き場で。

漢字のチカラ(18)

たとえば、上であげた〝座位〟は「座席」で、〝客位〟は「客席」、〝位次〟は「席次」。これらでは〝位〟が「席」と対応している。さらに、〝托福考位〟と言えばＴＯＥＦＬの受験者枠、〝船位〟は「(ある時間における)船の位置」、〝床位〟は「(使用できる)ベッド」のこと、〝名位〟は名声と地位のことで、〝位〟は日本語以上に熟語をつくる。では写真の〝车位〟とはなにか。これは「車(自転車を含む)を止める位置」のことで、〝车位已满〟とは日本語なら「満車」ということだ。

〝接警专用车位〟〔警察通報用専用駐車場〕 上海の路上で。

池 chí （周りより）へこんだ空間

昔、中国語を習い始めた頃、中国語でプールのことを〝游泳池〟と言うと聞いて、ふうん、あれも「池」の一種かと思ったことがある。これはまだわかる。しかし、〝舞池〟〝乐池〟〝花池〟〝浴池〟がなにかと聞かれて想像のつく人がどれだけいるだろうか。まず、〝舞池〟とは「ダンスホール」、〝乐池〟の〝乐〟は〝快乐〟ではなく〝音乐〟の方の〝乐〟で、「オーケストラボックス」、〝花池〟は「（まわりをなにかで囲んだ）花壇」、〝浴池〟は「風呂屋の大きな浴槽」のことである（家庭用のバスタブは〝浴缸〟）。こうなると、中国語の〝池〟とは「周りよりへこんだ空間」と考えなくてはならない。では〝便池〟は？

下の話で恐縮だが、これは大小便をためる便器のくぼみのことである。辞書によっては小便器とだけ訳をのせているのがあるが、ネットでは便池にものを落とし、取ろうとして手が抜けなくなった人の写真がたくさん出てくる。大便器も含まれると考えなくてはいけない。さらに、ここで「電池」の「池」もその仲間なのかと連想できる人がいたらたいしたもの。「電池」は中国でできて日本に伝わり共通になった漢語だが、もとは亜鉛を浸す希硫酸の溶液をためる部分をイメージしたものである。

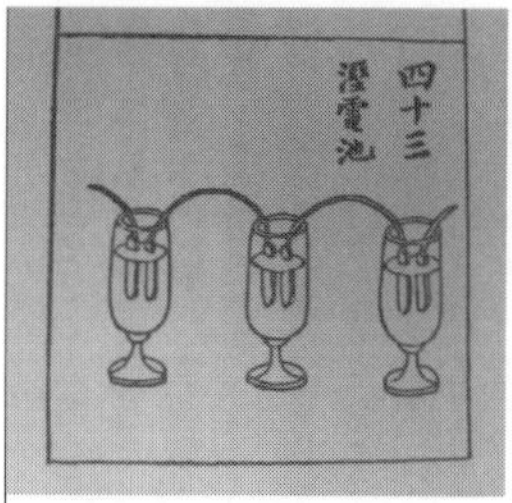

「湿電池」。1868年北京で翻訳・出版されたアメリカの物理学書の漢訳『格物入門』の挿絵。

盆 pēn
ボール（鉢）状のもの

中国の大学構内を歩くと、よく学生たちが洗面器のようなボールにご飯を入れて歩いているのに出会う。あのボールを中国語で〝饭盆〟という。洗面器は〝洗脸盆〟だ。「盆」は日本語では底の浅いトレイのようなものだが、中国語の〝盆〟はボールに近い底の深いものを指す。〝花盆〟は「植木鉢」、〝澡盆〟は「タライ」、〝洗碗盆〟は台所の流し場。

文革時代の琺瑯引き年代物〝**饭盆**〟。これも、中国語では〝**盆**〟の一種。

「覆水盆に返らず」ということわざをご存じだろうか。一説に太公望が、愛想をつかして出て行った女房に復縁を迫られたとき、〝盆〟に入れた水をまいて、この水をもとに戻したら復縁してやろうと言ったという故事に基づくと言われ、取り返しのつかない例えにあげられる。実はこの時の「盆」こそ、中国語の〝盆〟なのである。あれが日本の「盆」ではさまになるまい。では「盆地」の「盆」はどうだろう。これも実は日本で生まれた漢語で、のち日中共通になるのだが、ここでの「盆」は原語basinから考えてもボール、つまり中国語の〝盆〟のイメージから作られたものである。

生 shēng 見知らぬ、生の

中国語のテキストにはたいてい〝生词〟という欄がある。「新出単語」である。〝生词〟がなぜ「新出単語」になるのか。〝生词〟の〝生〟は日本語の「生」にはない意味で、〝生人〟(見知らぬ人)、〝怕生〟〝认生〟(人見知りをする)などの中にも出てくる。つまり、「見知らぬ、見慣れない」という意味である。見慣れない語→新出単語というわけである。『漢語大詞典』(上海辞書出版社)によればこの意味は唐以降に生まれたものだが、どうも日本語の中には入ってこなかったようだ。日本の刺身は中国語で〝生鱼片〟という。ところが、この名称はどうも中国人には評判がよくない。それは〝生〟が〝熟〟に対するもので、調理していないというニュアンスを持つからである。中国学者の松岡榮志氏はかつてこれを〝鲜鱼片〟と呼べば中国人の感覚も変わっただろうと述べたことがある(『日本の漢字・中国の漢字』三省堂、一九九五)。同感である。〝生鸡蛋〟(生卵)を喜んで食べる日本人も不思議な生き物だと思われているに違いない。ちなみに、日本語で言う「生花(せいか)」も中国語では〝鲜花〟である。

中国の「生花店」ならぬ〝**鲜花店**〟。クリスマスを前に、かき入れ時の店頭。

机 ji

飛行機

〝机票〟〔航空券〕　中国新華航空のチケットカウンター案内。

写真の〝机票〟を見てすぐ意味が分かる人はどれくらいいるだろう。まず、この〝机〟が〝機〟の簡体字であることは、〝手机（機）〟（携帯電話）を知っていれば連想がつく。では〝机票〟とはなにか。この〝机〟とは実は〝飞机〟（飛行機）の〝机〟の略称で、〝机票〟とは「飛行機のチケット」のことである。〝票〟は中国語では「チケット、切符」のことだが、〝邮票〟と言えば「切手」、〝钞票〟と言えば「お札」のこと。日本語の「票」が「投票」の「票」でしかないのと大きく異なる。日本語でも「機」が「飛行機」の略称になることはある。たとえば「機体」「機首」「敵機」「セスナ機」等々。しかし、どうも日本語とは略称の用法が違い「機票」という語はない。この〝飛机〟の略称としての〝机〟をもつ語としては〝转机〟（トランスファー）、〝劫机〟（ハイジャック）がある。〝机场〟（＝飞机场）は「飛行場・空港」で〝首都机场〟は「首都空港」のこと。もっとも、最近では日本語から入った〝空港〟も時に使われる。

漢字のチカラ(**22**)

名 míng 有名な、すぐれた

日本と中国の漢字には、似ているのにどこか違うというものが少なくない。たとえば、〝名作〟〝名著〟〝名士〟〝名山〟〝名医〟〝名画〟〝名言〟は「有名な、すぐれた」という意味では日中共通の熟語である。ここであげた写真の〝名酒〟も日本語にはある。しかし、名の通った、すぐれた酒という意味では「銘酒」の方がふつうだ。これ以外にも〝名烟〟〔有名なタバコ〕や〝名表〟〔ブランドの時計〕は日本語にはない。日本語で「煙」が「たばこ」という意味をもつ熟語は「禁煙」「喫煙」「嫌煙(権)」のように「動詞＋目的語」の構造が多く、「修飾語＋煙」は「紫煙」くらいだ。また、日本語で言う「名物」は中国語では「名称ともの」のこと、

「名人」は中国語では「有名な人」だが、日本語では「(一芸に)すぐれた人」の意味である。ついでに言えば、タバコと酒は中国では同じ店で売られていることが多く、昔中国の役人が「考えておきましょう」〝研究研究〟yánjiū yánjiū というと、賄賂に〝烟酒〟yānjiǔ〔酒とタバコ〕を寄こせに通じたらしい。

〝名烟　名酒　北京特产〟〔有名タバコ　銘酒　北京特産品〕の看板。

清《qīng》 ～をきれいにする

〝清货〟をみて、日本人なら「清らかな貨物」ととりたくなるのではないだろうか。それは、「清□」は「清流」（清らかな流れ）のように、「清＋名詞成分」なら前の「清」が後ろの名詞「流」を修飾するととってしまうからである。これがもし、「清＋動詞成分」なら、「清算」「清書」のように、「きれいに～する」のように理解するだろう。しかし、中国語の〝清货〟とは「商品をきれいにする→在庫を一掃する」という意味、つまり

看板の下の漢字は〝**最后清货**〟。最後の在庫一掃の意で、ファイナル・セールに。

漢字のチカラ（**24**）

〝清〟を「きれいにする」という動詞として使っているのである。これは中国語独自の用法で、それゆえ、日本人は〝清货〟をみてもすぐに意味がとりにくい。もちろん、中国語でも〝清茶〟〝清风〟〝清官〟のように、「清＋名詞成分」が「きよらかな～」という意味になるときもある。しかし、〝清仓〟〝清库〟（在庫一掃）とか〝清账〟（決算する）、〝清场〟（公共の場を掃除する）ように、「～をきれいにする」という用法のものも意外と多いから注意が必要だ。

〝一律特价　清仓!!!〟
〔一律特価　在庫一掃!!!〕

漢字のチカラ(25)

款 kuǎn

お金、デザイン

日本語で「款」というと、書画に興味がある人なら、書画に書かれた署名や押された印を表す「落款」ということばを思い浮かべるかも知れない。しかし、一般の人なら、せいぜい「約款」「定款」「借款」が浮かぶだけではないだろうか。「借款」の「款」は「誠・信用→契約書」のような意味の変化をしていて、「借款」も本来は「約款」の「款」同様、契約書(の条項)の意味である。しかし、「円借款」の例にあるように、これをお金だと理解している人はきっと多いに違いない。日本語で「借款」は国同士の借金だが、中国では〝存款〟は「(個人の)預金(をすること)」である。また、〝取款〟は「預金を下ろすこと」で、〝款〟は立派に「お金」の意味で使われる。しかし、写真にある〝新款上市〟の〝款〟はお金では通じない。なにか。実はこの〝款〟は〝款式〟(デザイン)の略なのである。つまり、〝新款〟とは「ニューデザイン、スタイル」のこと。〝上市〟はそれが「市場に出まわり始める」ということである。

〝新款上市〟〔ニューファッション製品入荷〕ブティックのショー・ウインドー。

〝刷卡〟と〝拉卡〟——語義の記述❶

◈上海における普通話の普及

今年（二〇〇七年）になってすでに三度中国の地を踏んだ。一回目は家族でお正月に桂林へ。二度目は一月末から二月始めにかけ同僚と中国の回族言語の調査のために寧夏へ。そして三度目は三月初旬に上海へ。毎週のように行く人からすればそんなこと自慢になるかと言われそうだが、わたしにとってこれは特記すべきことである。

上海の街では驚くほど普通話を耳にした。深圳や広州は他地域の人たちが大量に入りこんでいる関係から普通話の勢力が強くなっているということは聞いていたが、上海もそうであることに驚いた。わたしは常々学生には、留学するなら北方語を話す地域を選びなさいとアドバイスをしてきたが、ここまで普通話が普及すると上海も悪くない。お金はかかるが、暮らすのも便利だ。ことばはもちろん上海語が優勢であることは否定できない。しかし、こちらが普通話を使えば普通話が返ってくる。上海市民にはすでにそういう姿勢ができているようだ。

◈上海語の影響を受けた普通話

もちろん、そこには上海語の影響を受けた普通話が存在する。たとえば、〝你去哪儿？〟（どこに行くの）を〝你去哪里？〟と言うのはもちろん、〝二月二号〟（二月二日）を〝两月两号〟、〝二楼〟（二階）を〝两楼〟、北方では大人に使えない〝几岁？〟（おいくつ？）を老人にも使うとかである（上海人がつくったテキストなどにはこの表現が大人に対しても使われている）。ここで生活していると、思わず〝从两月开始〟（二月から）とまで言いたくなるから不思議だ。この適応性の速さは自分でもあきれるほどであるが、ことばに関しては〝入乡随俗〟（郷に入りては郷に従え）が必要だ。

上海で一週間ほど暮らして、北方では〝刷卡〟と言うところを〝拉卡〟とも言うことに気がついた。

◈〝刷卡〟

今は上海だけでなく、北京でも地下鉄はカードシステムになっているが、上海ではタクシーの料金を払う場合もカード払いができ、それを〝刷卡〟と言う。この〝刷卡〟という言い回しについては前から気になっていた。なぜなら、〝刷〟というのはもともと「ブラシでこする」動作である。〝刷牙〟（歯をみがく）、〝刷鞋〟（靴をみがく）、〝刷锅〟（鍋をみがく）すべてブラシを使っての動作である。ところが、最初、ホテルのチェックアウトなどの際聞いた〝刷卡〟とは日本語でいえば「カードを通す」とでもいうべき動作で、〝刷〟のもつブラシという道具がすでに欠如している。にもかかわらず〝刷卡〟と言えるのは一種のなぞらえ＝メタファーである。『現代漢語詞典』（第五版、商務印書館、二〇〇五、以下『現漢』）には〝刷卡〟が採用されていて、

把磁卡放入或贴近磁卡机，使磁头阅读、识别磁卡中的信息，以确认持卡人的身份或增减磁卡中的储存金额。因有的磁卡需在磁卡机上移动，类似刷的动作，所以叫刷卡。

／磁気カードを器械に入れたり近づけて読ませ、磁気カードの中の情報を読み取らせ、所有者の確認をしたり、磁気カードの中の残額を増減させたりする。カードによっては、カード機の上を移動させないといけない。これが〝刷〟の動作に似ているので、〝刷卡〟という。

という説明がみえる。しかし、これでは意味の派生がわからない。確かにタクシーや地下鉄に乗るときはカードを近づけたり、おいたり、入れたりする。しかし、もともとカードシステムができたときにもどれば、やはりカードを読み取り機に通すという動作が出発点になっていたはずだ。「カードによっては読み取り機に通すときの動作が〝刷〟に似ているから〝刷卡〟という」のではなく、かざしたり置いたりすることも〝刷〟という他の用法はそこから出発していると『現漢』は言うべきであった。

(上)銀行の出入り口で。〝进门请刷卡〟〔お入りの際はカードを通して下さい〕
(中・下)地下鉄の改札。〝请刷卡〟〔カードをかざして下さい〕

◈〝拉卡〟

しかし、カードをカード読み取り機に通す動作を〝刷〟と言うのも、本来の意味からすればおかしい。なぜなら、先にも述べたように、そこにはブラシという道具が介在していないからだ。そういう疑問を日頃から持っていたので、上海でこれを〝拉卡〟とも言うと聞いたときにはすっと腑に落ちた。この動作は〝拉卡〟と言う方がより適切なのではないか。ある時乗ったタクシーの運転手に確認すると、「上海ではどっちも使う」ということだった。〝刷卡〟の方は北方から入ってきたことばなのだろう。

ところで、この〝拉卡〟を地下鉄に乗るときやタクシーの料金を払うときのように、近づけたり、かざすようにする動作に使うのは、これまた意味にずれが生じている。これはつまり、一旦形象的なニュアンスをもって生まれた連語がイディオム化して、それ以外の場合にも使われるということである。中国語にはこのタイプがけっこうみられる。

◈〝倒垃圾〟と〝拨电话〟

たとえば、「ゴミを出す」ことを中国語では〝倒垃圾〟、「電話をかける」ことを〝拨电话〟ともいうが、これらは現在ともに本来の形象的な用法からはずれている。〝倒垃圾〟とは本来容器の中のゴミを「(傾けるようにして)捨てる」ことだ。原始的なゴミ出し法である。しかし、今中国でそんな出し方をするところは少数で、ゴミ袋に入れて出すのがふつうだ。だから、〝送垃圾〟(ゴミをはこぶ〕、〃扔垃圾〃〔ゴミをほうる〕と言ってもいいくらいで、実際、後者のように言う人もいる。ところが、現在そのようにゴミを入れた袋を出しに行くことも〃倒垃圾〃と言う。これはあきらかに本来の用法からずれたイディオム的用法である。

「電話をかける」というと〃打电话〃が真っ先に浮かぶだろうが、〃拨电话〃もそれなりに使う。この〃拨〃というのは「棒状のものを穴に入れてつついたり、回したりするような動作」である。つまり、〃拨电话〃とはかつてのダイヤルを回す電話について言ったものだ。ところがプッシュフォンが優勢になった今日、〃按电话〃とでも言うべきところを時に〃拨电话〃と言う人がいる。これも本来の用法からの逸脱で、こうしたイディオム化した用法も辞書はしっかり記述しなければならない。

＊付記――上で〃刷卡〃はカード読み取り機に通す動作が、本来のブラシやはけでこする動作のなぞり＝メタファーからきていると述べたが、読者の方から「最初のカード読み取り機は、カーボンのようなものをあてて数字を拓本のように写し取っていた。拓本の場合、こする道具をばれん（馬楝）〃鬃刷〃という。〃刷卡〃はこれと同じ原理ではないか」というお便りをいただいた。これはわたしも記憶がある。そうなると、当初のカードを読み取る動作は〃刷〃そのものに一層近づくことになる。

〝查房〟と〝查书〟——語義の記述❷

◈〝查房〟とは何を調べる？

八〇年代や九〇年代にあったかどうかいま記憶が定かではないが、近年中国のホテルに泊まると、チェックアウトの際にかならず〝查房〟というのがある。冷蔵庫の中のものをどれだけ使ったかをみるものと思っていたら、部屋に備品のリストとその料金表があるのに気づいた。つまり、部屋の備品がなくなっていないかをチェックするのが主要な目的なのだ。近年の国内国外への旅行ブームで、いろんな人が旅行に出るようになり、その中には目に余る行動をとる者も出てきた。そこで、中国政府は旅行に出る中国公民に守るべき旅行マナーを盛んに呼びかけるようになっている。要するに〝素质〟〔常識〕、〝客源层次〟〔客層〕の問題で、五つ星以上のホテルを除けば〝查房〟廃止は困難だとさえ言われる。

日本でも旅館のお風呂用の薄いタオルは便利なので、泊まるとたいていもらって帰ってくるが、バスタオルや寝間着はだめだろうというのは常識から判断できる。ところが、どうもその常識を越えた持ち去りが日本でもけっこうあるらしい。ただ、日本で〝查房〟を露骨にやると客のひんしゅくを買うのは間違いない。ともあれ、〝查房〟そのものは「部屋を調べる」ことであるから、わたしは〝查房〟ということばを聞くと真っ先にチェックアウト時の「部屋の点検」が頭に浮かぶ。

ところが、これをまわりの中国人に聞いてみると意外な反応が返ってきた。

◈〝査房〟の別の二つの意味

一人は、「病院での〝査房〟」を思い浮かべると言う。これは医者や看護士による回診である。ところが、もう一人の中国人は「官憲によるホテルの取り締まり」を連想するという。中国のホテルはいまでこそ、未婚のカップルを泊めるところもでてきているが、かつては結婚許可証（结婚证）を必要としたし、今でもつれこみや売春を警戒してうるさいところがあるようだ。〝査房〟とは、こうした「いかがわしいカップル」を摘発することを意味する。もっとも、一般のカップルには、官憲がこれをむやみに行使するというので評判が悪い。

〝査房〟の三つの意味は、ことばというものが、その人の言語体験に制約されていることを実感する例であった。つまり、外国人（のわたし）にとって〝査房〟からまず浮かぶ意味は「ホテルの備品や有料品のチェック」ということだし、よく出張や旅行に出る中国人もその意味を思い浮かべるようだ。しかし、一般には上であげた他の二つの意味の方が優勢らしい。

◈〝査房〟は辞書にはどうある？

〝査房〟は一種の新語らしく、最近出た辞書にしか出ていない。しかも、上のすべてをあげているわけではない。たとえば、小学館の『中日辞典』（一九九二、第二版二〇〇三）、『講談社中日辞典』（一九九八、第二版二〇〇二）はともに「回診」の意味しかあげていない。『現代漢語規範詞典』（外語教学与研究出版社・語文出版社、二〇〇四）では、

①医院里医生定时到病房查看病人的情况。

／病院の中で医者が決まった時間に病室を回り、患者の様子をみる。

②公安等有关部门查看旅馆的客房。／公安などの関係部門がホテルの部屋を調べる。

とある。ここには、ホテルでの〝退房〟時のチェックの例は入っていない。『現代漢語詞典』（第五版、商務印書館、二〇〇五）では、

検査房间内住宿等的情况，特指医生定时到病房查看病人的病情。

／部屋の宿泊状況の点検、とりわけ、医者が決まった時間に病室を回り患者の病状をみること。

という解説をのせる。「部屋の宿泊状況の点検」というのは漠然としているが、この方がより広くおおえる。というのは、〝査房〟には「学生の宿舎の点検」のようなケースも含まれるからである。ネットで調べてみると、回診の例が最も多く、つぎに官憲の調査、つぎにホテルのチェック、学生の部屋の点検と続く。

◈〝査房〟の意味の派生はメトニミー

ところで、〝査房〟のこうした意味は、実際は「部屋の備品」「部屋にいる人間」を調べることなのだが、それを直接言うことを避けてその入れ物であらわしている。つまり、ここには一々中身

にまで言及せず、容器で中身を表すという隣接の関係、レトリックでいうメトニミーの関係が生じている。

〝查房〟というとわたしは、〝查书〟ということばが浮かぶ。〝查书〟から、わたしなどはまず「(本屋で)本を検索する」という意味が浮かぶし、実際店員に〝帮我查一下书，好吗？〟〔本(の在庫)を調べていただけませんか〕などと聞いたりする。〝网上查书〟〔ネットで本を調べる〕、〝电脑查书〟〔パソコンで本を調べる〕、〝电话查书〟〔電話で本を問い合わせる〕ということばもある。しかし、これも

電子辞書の広告。
〝一查知天下〟
〔さっと調べるだけで世の中のことがわかる〕

ネットで検索すると、その本そのものの存在を調べるより「(その)本で調べる」という意味の方が優勢だ。たとえば、

不懂就去查书。／わからなければ本で調べなさい。

我查一下书再告诉。／本で調べてからお知らせします。

のように。ここでは、本の中身について言っているのである。考えてみれば、〝查词典〟(辞典を調べる、辞書を引く)、〝查资料〟(資料を調べる)にしても、そのものの存在を調べるのでなく、その中身を調べるのであって、ここにも容器で容器の中身をあらわすというメトニミーの関係が生まれている。語と語の結びつきは一般にコロケーションと呼ばれるが、両者がどういう関係にあるかについても辞書をつくる人、読む人は気を配る必要がある。

レトリックと辞書の記述──語義の記述❸

比喩（レトリック）というと、なにか文章を書く上での技巧、修辞のように思われることが多い。しかし、G・レイコフ、佐藤信夫、瀬戸賢一氏らによって、比喩というものがことばの意味の根幹に大きく係わっていることが見直されている。最近出た瀬戸賢一氏編による『英語多義ネットワーク辞典』（小学館、二〇〇七）は、英語の多義語の意味の派生をすべて比喩のいくつかのタイプによって記述したものである。瀬戸氏はどの言語においても共通の発想、比喩というものがあるという。たしかに、

やかん（のお湯）がわいている／The kettle is boiling／水壶开了。

電話（のベル）が鳴った／The phone rang／电话响了。

テーブル（の上）を片づける／clear the table／把桌子收拾一下。

をみていると、その共通性に妙に感動したりしてしまう。今後中国語の辞書の語義記述でもこういう観点が必要になるだろう。前回、前々回でメタファーの例として〝刷卡〟、メトニミーの例として〝查房〟〝查书〟をとりあげた。賢明な読者にはおわかりのように、それは上記の著に啓発されたものである。

◈なぞりとしてのメタファー

なぞりであるメタファーは、形象性を尊ぶ中国語では〞半边天〞〔半分の空→それをささえるもの→女性〕、〞铁公鸡〞〔鉄の鶏→けちな人〕のようにお手のもので、とりわけ慣用句の世界は〞碰钉子〞〔釘にぶつかる→壁にあたる〕、〞炒鱿鱼〞〔イカを炒める→布団をまるめて出て行く→首になる〕、〞跳槽〞〔飼い葉桶から飛び出る→転職する〕、〞拍马屁〞〔馬の尻をたたく→おべっかを言う〕、〞踢皮球〞〔ゴムまりをける→たらい回しにする〕、〞走后门〞〔裏口から入る→コネを使う〕のようにメタファーの宝庫である。

◈隣接関係を表すメトニミー

レトリックの世界で、メタファーについで重要なものは隣接関係によるメトニミーである。前回あげた〞查房〞〞查书〞は容器で中身を表すメトニミーの例であった。この種の隣接関係による意味のずれは最も多い。たとえば〞看电视〞〔テレビを見る〕と〞买电视〞〔テレビを買う〕の〞电视〞は、同じではない。前者は機能、後者はモノで、この場合は機能にモノの意味を担わせているようにみえるが、〞电视机〞が安定した音節＝二音節の〞电视〞になり、それが機能をも担っていると考えることもできる（ただし、「ラジオを聞く」は〞听收音机〞だ）。

同じ隣接関係が〞电话机〞→〞电话〞についても言える。この場合、〞电话〞はモノでもあり通話という機能でもある。たとえば、

安电话。／電話をとりつける。

の〝电话〞はモノそのものだが、

打电话。/電話をかける。

接电话。/電話に出る・電話を受ける。

小王，你的电话！/王さん、君に電話だよ。

の〝电话〞は「通話」である。〝接电话〞は「(かかってきた電話を)受け止める」ことであるが、〝接球〞〔ボールを受けとる〕、〝接孩子〞〔子どもを迎える〕と比べると意味が抽象化している。飛んできた電話機をキャッチするわけではない。ちなみに、英語は answer the phone で、「(呼びかけとしての)ベルに返事をする」という発想である。また、上でもあげた、

电话响了。/電話が鳴った。

は、モノそのものであるが、これも、

电话机响了。/電話機が鳴った。

电话铃响了。/電話のベルが鳴った。

との間に隣接関係が生じている。ネットで検索すると

电话响了。　二八八万

电话铃响了。　八一万

电话机响了。　三七一〇

のようになっていて、圧倒的に〝电话〞だけですますことが多い。ことばの経済性である。

◈シネクドキ(1)――〝喝一杯〟

比喩の中でやや少数派がシネクドキと言われるものである。これは種と類の間(あるいはその逆)での借りあいで、日本語なら「花見」の「花」という類で「桜」という種を表すというのが有名だ。中国語ですぐ浮かぶものは、

喝一杯吧。/一杯飲もうか。

我喝醉了。/酔っ払ってしまった。

の〝喝〟で、この「飲む」はなんでもいいのではなく、「お酒を飲む」ことである。『現代漢語詞典』(第五版、商務印書館、二〇〇五)にも②として〝特指喝酒〟(特に酒を飲むことを指す)とある。「一杯飲む↓一杯やる」は日本語にもあるからわかりやすい。

◈シネクドキ(2)――〝肉〟

〝肉〟もこのタイプの一つである。中国語を勉強しているものにとって、〝肉〟と聞いてまず浮かぶのは〝猪肉〟(豚肉)で、小学館『中日辞典』(第二版、二〇〇三)、『白水社中国語辞典』(二〇〇二)はそのことをわざわざ注記するほどだ。たとえば、小学館『中日』は、〝肉〟の注意として次のように記す。

単独で用いる場合は普通、ブタ肉をさす。ただし、〝回族〟などのイスラム教系の少数民族はブタ肉を食べないので、ヒツジの肉中心となる。

しかし、『現代漢語詞典』をはじめ中国で出た辞書を数冊調べてみたが、どれもこのことにふれていない。

ともあれ、中国語においてふつう〝肉〟で〝猪肉〟を指すのはまさに類で種を表すシネクドキである。もっとも、小学館『中日』の言うように、中国のイスラム教徒にとっての〝肉〟は〝羊肉〟かも知れないが。なお、〝果肉〟〝魚肉〟は中国語にもあり、これは動物の肉のなぞらえ＝メタファーであるが、「印肉」にまで「肉」を使うのは日本独自の用法か（中国語では〝印泥〟）。

◈「焼き肉定食」の肉はなに肉？

日本でも、大阪で「焼き肉定食」といえば牛肉だが、わたしが今住んでいる豊橋では豚肉のことで、三〇年前に食堂で頼んだ「焼き肉定食」が豚肉だったときのショックは今も忘れられない。豚肉好きな？北海道では「焼き鳥」でさえ豚肉のところがあるそうだ（焼きトンとも言うとのこと）。こうしたシネクドキによることばの簡略化はその地域地域で生まれているのであろう。ちなみにわたしが勤務している大学＝愛知大学にある駅の名前「愛知大学前」はかつては「大学前」だった。

コアの意味はひとつ?——語義の記述❹

語の意味で、コア(核)とか基本義といわれるものがある。たとえば、〝把〟だと「つかむ」の意味が動詞、前置詞、量詞に共通して流れているのがわかるし、その原型(プロトタイプ)が動詞の「つかむ」にあるというのもわかりやすい。辞書の意味記述は、多くの意味を列挙するだけでなく、こうしたコアになる意味、プロトタイプとなる意味からの派生を記述しなくてはならない。

ところで、日頃中国語とつきあっていると、日本語に訳すと複数の訳語が対応するのに、中国の辞書ではそれにひとつの意味項目しかないということがある。

◈〝找〟の意味はいくつ?

たとえば、拙著『一歩すすんだ中国語文法』(大修館書店、二〇〇三)の中でもとりあげた〝找〟という動詞は、「おつりを出す」を除外すると、

你帮我找找。/探すの手伝って。

你找谁?/だれをお尋ねですか→どなたにご用ですか。

麻烦您找一下王玲。/すみませんが、王玲さんを呼んでください。

のように、日本語では「探す」「尋ねる」「呼ぶ」等に対応する。しかし、『現代漢語詞典』(第五版、

商務印書館、二〇〇五、以下『現漢』）では、

为了要见到或得到所需求的人或事物而努力。

／だれかに会いたい、あるいはなにかを得たいと思って努力すること。

としか言わない。他の中国で出た辞書でも似たり寄ったりだ。日本人にはいくつもの意味があるように見えても、中国人はこれを一つのものと考えているのだろう。

◈〝收拾〟は「片づける」だけ？

〝收拾〟と言えばまず「片づける」という日本語が浮かぶ。しかし、〝收拾行李〟は「荷物を片づける」でも日本語としては通じるが、これは「荷物をとりまとめる、用意する」ことである。日本

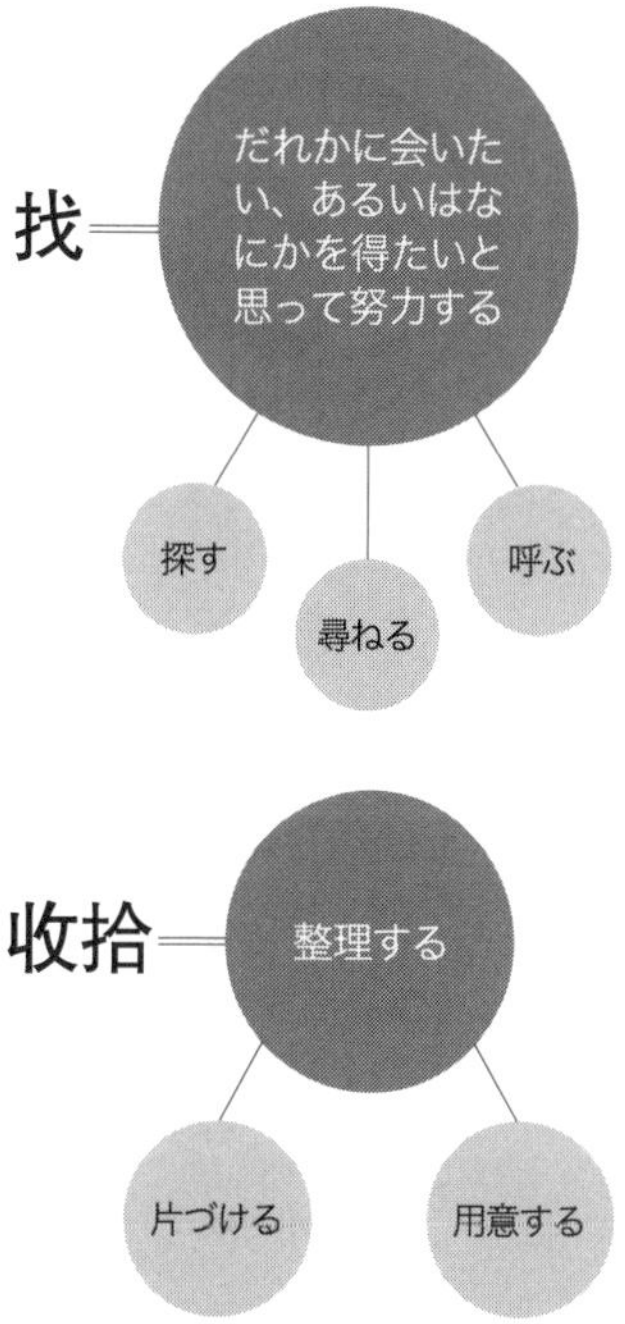

〝找〟と〝收拾〟の意味

の辞書のうち『白水社中国語辞典』（二〇〇二）は〝收拾行李〟を「荷物をまとめる」としか訳していない。『東方中国語辞典』（東方書店、二〇〇四）は「片づける場合にも用意する場合にもいう」と注をつける。『中日大辞典』（大修館書店）は一九八六年の増訂版から、

奶奶开始给红雨收拾要带的东西。

／おばあさんは紅雨が持って行くものをとりそろえはじめた。

という例をあげていた（実はこの例はわたしが提供したものである）。ところが、中国の辞書ではこの二つの意味を分けない。『漢語常用詞用法詞典』（北京大学出版社、一九九七）では、〝收拾屋子〟（部屋を整頓する）、〝她匆匆忙忙地收拾了行李〟（彼女はあわてて荷物をまとめた）共に〝①整顿；整理〟という意味でくくられているし、最近出た『商務館学漢語詞典』（商務印書館、二〇〇六）も、〝收拾房间〟（部屋を整頓する）、〝收拾书架〟（本棚を片付ける）、〝我收拾好行李就出发〟（荷物をまとめたら出発します）は同じ〝使整齐、清洁、整理〟（整える、清潔にする、整理する）という解釈だ。中国人には、ちらかったものを片づけることも、持って行くものをとりそろえることも「整理する」ということでは同じなのだ。

二〇〇六年一一月の中国語検定試験四級でも、この〝收拾〟をたずねる問題が出ていた。旅行に連れて行ってもらうことが決まって大喜びの著者に、母親が旅行の支度をしてくれる場面である。

晚上妈妈给我收拾东西，让我早点儿睡觉。

／夜、母は私の荷物の支度をしてくれ、私に早めに寝るようにと言った。

これは四級としては難しい。しかし、出題者の意図は理解できる。

もうひとつ。〝咳嗽〟が「咳をする」以外に「咳払いをする」に対応することは日本では注意されていて、『白水社中国語辞典』『東方中国語辞典』は訳語としてこの二つをあげる。しかし、これも中国の辞書では特に指摘するものがない。

◈段階を分けない？

日本語でいくつかの過程、段階に分かれる動作を一つと考えているものがある。

〝背〟bèi の〝背诵〟はふつう「暗誦する」と訳される。しかし、「暗誦する」とは「覚えているこ

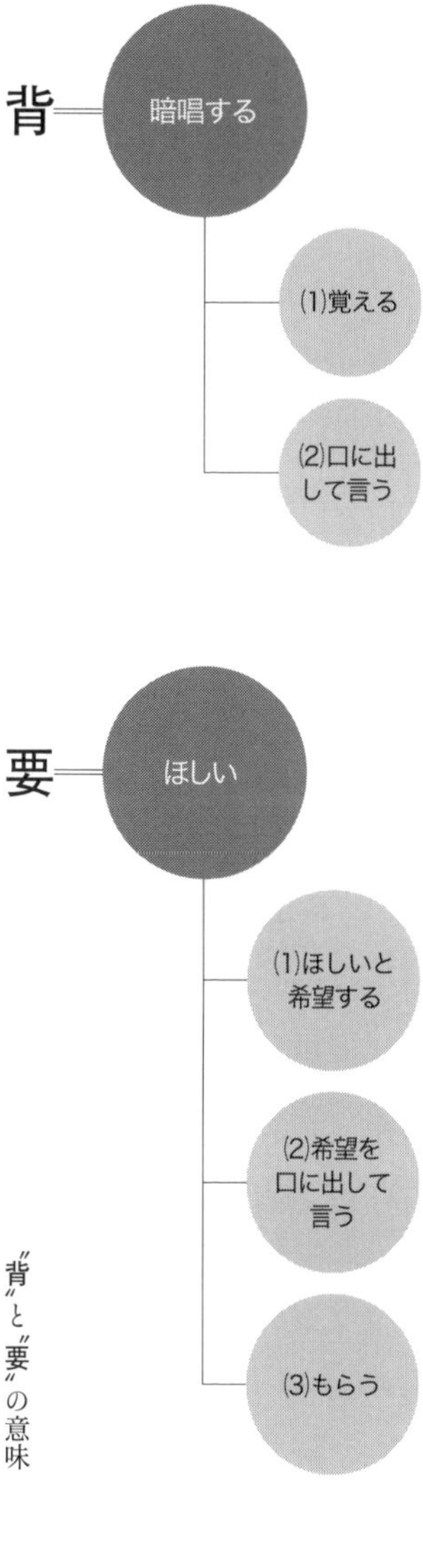

〝背〟と〝要〟の意味

とを口に出して言う」ことで、その前の暗記の段階は含まない。ところが、中国語の〝背〟は、覚え込む過程をも暗誦する過程をも含む。たとえば、〝背课文〟とはテキスト本文を覚えることでもあるし、覚えたことを口に出して言うことでもある。この語は日本では、『東方中国語辞典』が、「覚える過程と口に出して言う過程を含む」と注をつけているが、中国語としては一つのものと認識されているようにみえる。

というのも、この二つの過程の区別は主に補語の違いによる。たとえば、

把课文背下来。／テキストの本文を覚える。

は「覚え込む」までの段階。

把课文背出来。／テキストの本文を暗唱する。

课文背得还不太熟。／テキストの本文はまだそらであまりうまく言えない。

は口に出して言う段階である。

◈〝要〟は二つの段階を含む?

一般に〝要〟と言うと「ほしい」という意味しか浮かばない人も多いだろう。しかし、〝要〟には、

(1)ほしいと希望する

这枝钢笔你还要吗?／この万年筆、まだ必要ですか。

(2)希望を口に出して言う

你不要总是向别人要这要那的。／いつも人にあれこれほしいとねだってはいけない。

(3)もらう

我去要回我借给他的书。／彼に貸した本を取りもどしてくる。

我不能白要。／ただでもらうわけにはいかない。

という三つの段階があるようにみえる。（『一歩すすんだ中国語文法』一一頁）

『現漢』は、

①希望得到；希望保持。／ほしい、いる。

②因为希望得到或收回而有所表示；索取。／手にいれたり取りもどすために意志を示す、取る。

のように上の(1)と(2)の段階に注目するが、『商務館学漢語詞典』や『新華字典』（第一〇版、二〇〇四）などはひとつだ。ここでも、三つの過程を分けるのは介詞や補語の存在だ。それに、

你到了那儿，想着跟他要。／そこに着いたら、忘れず彼からもらいなさい。

你帮我要一张申请表。／代わりに申込書をもらってきてくれませんか。

菜要多了。／おかずを注文しすぎた。

のように、(2)か(3)か判別しにくいものもある。つまり、中国語の〝要〟というのは、この三つの段階——モノ獲得の希望から実現までを連続的に含むものと考えるべきなのだろう。

英語学会に出る——語義の記述❺

◈英語学会に行く

名古屋大で開かれた日本英語学会を覗いてきた(二〇〇七年一一月一〇〜一一日)。ある人から英語学会まで行くのですかと言われたが、興味のある催し物があれば、都合のつく限りどこへでも行きたい。名大は近くだ。行かない法はない。それに、会場にはなんとわたし以外にも中国語関係者が三名も来ていたのだ。今回英語学会まで足を運んだのはほかでもない。「英和辞典はどこまで意味を記述できるか」というシンポジウムがあり、しかも、そのパネラーにふだん著書、論文で名前しか知らなかった瀬戸賢一、田中茂範、南出康世、赤野一郎、池上嘉彦、八木克正といった錚々たるメンバーが顔を並べていたからだ。すべて英和辞典の編集に携わった人たちだ。もっとも、全体の時間は三時間弱、最後の討論の時間も三〇分ほどで、瀬戸氏のシャープな司会にもかかわらず、議論は十分だったとは言えない。

◈多義語の記述

シンポジウムの一つのテーマは多義語の記述だった。瀬戸氏の『英語多義ネットワーク辞典』(小学館、二〇〇七)については前々回(八一頁)でも紹介した。氏の論は、多義というのはすべて中心義からメタファー、メトニミー、シネクドキによって派生したものというものである。これに対し田中氏は一つの語の多義に共通する意味をコアとして設定する一方、多義の派生の出発点となる意味をプロトタイプとしてとらえる（『認知意味論――英語動詞の多義の構造』三友社出版、一九九〇）。名前こそ出さなかったが、前回（八六頁）でコアということばを使ったのは田中氏の説を受けたものである。というより、田中氏のコア理論には、わたしがこれまで中国語の動詞の多義性を分析した方法と共通のものを感じたのである。たとえば、〝走〟の「帰る、行く、離れる」といった意味は、いくつも訳語を列挙するより「その場を離れる動作」ととらえればわかりやすい。これはいわばコア的な考え方である（「歩く」意味の〝走〟と「その場を離れる」の〝走〟はどう関係づけるのかという問題は残るが）。前回（八七頁）であげた〝収拾〟は「片づける、準備する」というふうに、まるで違った意味をもつようにみえても、「ばらばらのものを整理する」と言えば一つですむ。中国の辞書で、中国語の母語話者がこの二つの意味を分けていないのも、それがコアだという証拠になる。〝找〟も「なにかを得たい、だれかに会いたいと思って努力する」ととらえれば、「さがす、尋ねる」等の訳語を一々覚えておかなくてすむ。

◈田中氏のコア理論

田中氏のコア理論に対して八木氏からは一つの動詞の多義を抽象化された、いわばメタ言語で示した場合、中学生などにわかるのか、誤った類推をしてしまわないかという疑問が出た。たとえば run のコアを田中氏は〈一方向に途切れることなく（するする）と移動する〉と規定するが、八木氏は「では蛇がにょろにょろ進むのにも run が使えるのか」という疑問を呈していた。

田中氏が今回あげたもう一つの例は put で、これは〈何かをどこかに位置させる〉と規定される。氏の編著『Eゲイト英和辞典』（ベネッセコーポレーション、二〇〇三）の説明によれば、机に本なら「置く」、花瓶に花なら「いける」、壁に帽子なら「かける」、箱の中にりんごなら「入れる」というふうに、置くものと置く場所によって対応する日本語は異なるが、これを一々の訳語で覚えるのでなくコアの意味で覚えた方がいいと言うわけである。わたしは氏の説明を聞きながら、中国語の〝放〟を思い浮かべていた。たしかに、

放在桌子上。／テーブルに置く。

放在脸盆里。／洗面器に入れる。

のように、平面なら「置く」、容器なら「入れる」は一致する。しかし、一致するのはそこまでだ。だから、わたしは〝放〟は「手から解き放す動作」ととらえた方がいいと思う。たとえば次の例。

放他走。／彼を逃がす。

放牛。／牛を放牧する。

放风筝。／タコを揚げる。

放上去。／ものを上にあげる。

放回去。／ものを元（の場所）にもどす。

もっとも、中国語でもそうだが、一つの意味で説明しようとすると、「こじつけ」に陥る危険性があるし、誤った一般化を引き起こす可能性もある。慎重でなくてはいけない。

◈コアとプロトタイプ

田中氏は、コアを提唱するとともに、多義語の意味の出発点となるものをプロトタイプと呼ぶ。コアとは多義のどの意味にも共通する意味であるが、その多義のうちもっとも原初的な、人々がその語を聞いたときにまず思い浮かべる意味がプロトタイプである。多義の派生はここから出発

"走"と"放"の意味

する。

◈国広哲弥氏の「現象素」

コア理論で思い出すのは国広哲弥氏が近年提唱する「現象素」である。国広氏といえば服部四郎氏の提唱した「意義素」による意味分析を発展させた人として有名だ。氏は意義素が助詞のような機能語の分析には有用な概念ではあるが、動詞や名詞ではうまくいかないことに気づき、近年「現象素」という用語を提唱している。現象素は言語以前の存在物で、それを人間の立場からどのように認知するかによって異なった意味を脳中に生じると考える。たとえば、「取る」という動詞の「獲得する」と「除去する」は人間の側からの価値付けの違いであって、手の動作としては同じである。こういう場合現象素は同じと考えるわけである(『日本語の多義動詞』大修館書店、二〇〇六)。これは上のコア理論に似ていないだろうか。わたしは瀬戸氏の理論と田中氏の理論がどうかかわるのか聞いてみたかったのだが、フロアーからの質問はできず、あきらめざるをえなかった。

〝送銭〟は「あげる」？「とどける」？——語義の記述❻

前々回と前回、中国語の動詞の意味をコア（核）でとらえる必要性を問題にした。今回は〝送〟という動詞について考えてみたい。

◈〝送〟のコアは？

〝送〟の意味は、中国の辞書でもほぼ次の三つに分けられている。

(1)モノを贈る、プレゼントする、あげる
(2)モノをとどける
(3)人を送って行く、人を見送る

(1)(2)と(3)の違いは目的語にモノをとるか人をとるかで、この三つに共通な意味＝コアは、「AをBまではこぶ、移動させる」ことだと考えられる。(1)と(2)の違いはモノの空間移動があるかないかである。ただ、この違いが意外とわかりづらい。

『商務館学漢語詞典』（商務印書館、二〇〇六、以下『商務館』）には、外国人学生は〝送〟と〝派〟に混用が目立つという注記がある。〝送〟＝sendと思いこむところからくる混用であるが、これは英語母語話者について言えるものである。日本人なら、むしろ、〝送〟＝送ルという訓から「お金を送

る↓〝送钱〟」という類推が働き、「家からしおくりしてもらっている」というときに、

家里给我送钱。

と言ってしまいそうだ。しかし、〝给我送钱〟は「お金をとどけてくる」ことで、郵便で送るなら〝寄（钱）〟としなくてはいけない。日本人向けの辞書ならこんな注がほしい。

では、〝送钱〟は常に「お金をとどける」ことだろうか。「お金をあげる」という意味はないのだろうか。(1)について、『現代漢語詞典』（第五版、商務印書館、二〇〇五、以下『現漢』）は、〝老师送我两本书〟（先生は私に二冊の本をくれた）という二重目的語をとる例を出しているが、『商務館』の方は、六例すべて〝送礼〟（プレゼントする）か、その変形例である。これに対し(2)の「とどける」方は目的語の種類も豊富だ。『現漢』では、

送报。／新聞をとどける。

送信。／手紙をとどける。

送饭。／食事をとどける。

『商務館』の方は、

送饭。

送报。

送货到家。／家まで商品をとどける。

水送到了。／ミネラルウォーターをとどけた。

把信尽快送给他。／手紙を早急に彼にとどけて。
给贫困地区送去了温暖。／貧困地区に温かみをとどけた。
他的书丢在这里了，我给他送过去。／彼の本はここに忘れていったので、私は彼にとどけにいく。

このような例をあげる。〝饭〟〝报〟〝信〟〝货〟それに〝水〟〝餐〟などがきたら「とどける」方だ。しかし、どちらにも〝送钱〟がない。

◈〝送钱〟をネットで検索する

用例を多く見るために中国語のインターネットの検索サイトの一つ〝百度〟の「高級検索」で調べてみた。すると、なかなか面白い例が出てきた。たとえば、

俄罗斯人忌讳给别人送钱，认为送钱是一种对人格的侮辱。
／ロシア人は人にお金をあげることはタブーとしている、それは一種の人格に対する侮辱と考えるからである。

你认为送礼是送钱还是送礼品。
／君はプレゼントはお金を送ることだと考えているか、それとももののがいいと考えているのか。

は、「お金をあげる」こと。「あげる」の方の例は見つけやすいが、「とどける」となると意外と難しい。

这次，他就是专门来给儿子送钱的。

／今回、彼は他でもなくわざわざ子供にお金をとどけにやってきたのだ。

说是送钱，这只是一个借口，我想看看他。

／お金をとどけると言っても、それは単なる言い訳に過ぎない。私はあの子に会いたいんだ。

自从儿子上高中，高家平每月都要跑一趟县中学，给儿子送钱送米送衣服。

／息子が高校に入ってから、カオチアピンは毎月県中学まで行き、息子にお金や米や服をとどけていた。

市红十字会到受灾乡镇送钱送粮送衣送药。

／市の赤十字会が被災した町にお金や食糧、衣服や薬をとどける。


は「とどける」だろう。

上で〝送报〟は「新聞をとどける、配達する」ことだと書いたが、ネットには、

北京××汽车公司为答谢新购车客户，开展〝买车送报纸〟活动。

／北京某自動車会社は自動車を今回購入いただいた方に感謝して、「車を買ったら新聞購読プレゼント」キャンペーンを展開する。


という例があった。〝买车送报纸〟だけをみれば「車を買って新聞配達をする」ともとれるかもしれない。しかし、ここは「車を買ってくれたら新聞を（一年分）贈呈する」ことである（途中で主語の替わる言い方としては〝买一送一〟＝一つ買ったら一つプレゼント、などがおなじみだ）。

(1)(2)の意味を区別するには「送＋名詞」というフレーズを越えた文型によるしかない。すなわち、(1)は、二重目的語の構文か〝送给～〟というカタチをとる必要があるし、(2)は、〝给～送

去〟のような構文をつくらなくてはいけない。李行健・劉叔新『詞語的知識和運用』(天津人民出版社、一九七九)三三頁には、〝送〟を「とどける」の意味で使うとき、〝给～送去〟はいいが、〝送给～〟としてはいけないという指摘がある。それは、現実に「とどける」の意味で〝送给～〟を使う人がいるからだろう。ちなみに『商務館』は「とどける」の意味で〝把信尽快送给他〟という例を出している。

「あげる」という意味の実現は、

你送(给)她什么礼物?／彼女にどんなプレゼントをあげるの。

のカタチをとらないといけないが、

你给她送什么礼物?

という文型もネットから検索できる。(1)(2)の意味があいまいになる理由はここにもある。たとえば、次の例は「あげる→賄賂を贈る」ことだ。

陈兆丰在狱中自白，给他送钱的七〇%的是干部，三〇%的是包工头。

／チェンチャオフォンは獄中で自白した、彼がもらった金の七割は幹部からで、三割は親方からだ。

次の笑い話の〝给～送钱〟は「とどける」。スピードを出していた車が警察に呼び止められた。するど、運転手はすかさず一〇元を警察に差し出す。

警察问:〝你为什么开这么快?〟〝我急着给你送钱〟司机说。

／「どうしてこんなにスピードを出すんだ」「あなたに早くお金をとどけようと思って」

「あげる」ためには「とどけ」ないといけないから、両者がつながるのだろう。
この「とどける、はこぶ」の〝送〟は次のような場合にも使える。

他把花生送到嘴里，又喝了一口酒。／かれは落花生を口まではこび、それから一口酒を飲んだ。

◈人を〝送〟するとは?

目的語に人がくる(3)では、モノとは違う特徴をもつ。それは、人なら、

我送你回家。／おうちまで送ります。

のように兼語式をつくることができるという点である。また、中国の辞書は分けていないが、〝送＋人〟には「人を送って行く、人を見送る」の二つの意味がある。たとえば、

我送你到车站。／あなたを駅まで送ります。

我到车站送你。／あなたを駅まで見送りに行きます。

前者は「いっしょに駅まで送って行く」ことだが、後者は単に「駅へ行って見送る」だけである。この場合には移動の意味も消えている。

送《sòng》 プレゼントする

何年か前、北京の空港で、おみやげになにかをと思って、免税品のチョコレートを見ていたら、店員の女性に〝买四赠一〟(四つ買ったら一つ進呈)と言われた。〝赠〟は「プレゼントする」という意味だが、ふつう話しことばでは使わない。それで反応に数秒かかった。人におごそかになにかをあげるとき〝赠送〟(贈呈)と書くことがあるが、〝赠〟はこんなふうに二字にして使うのがふつうだ。話しことばで「プレゼントする」に当たることばは〝送〟である。写真の〝买一送一〟の〝买〟は「買」の簡体字で、この手の看板は街でよく見かける。「一つ買ったら一つプレゼント」ということで、それならあっさり半額で売ってくれと言いたくなるが、この店の場合は在庫を一掃したいからそんな方法に出たのだろう。日本語では「送」と「贈」で書き分けたりするが、中国語ではどちらも〝送〟である。

〝买1送1〟
〔一つ買ったら一つプレゼント〕

多義語の意味の配列――語義の記述❼

◈学習英和の語義は頻度順

前々回(九二頁)で、英語学会の学習英和辞典に関するシンポジウムに出たということを書いた。その報告の大半が活字化されたものが『英語青年』(研究社)の二〇〇八年三月号に出ている。これには当日のシンポジウムの報告者以外の論文も載っているが、それを読んでいてあることに気がついた。それは学習英和辞典の世界では、多義語の語義の配列は頻度順が大半だということである。今これをわが中国語辞典の世界に引き寄せてみれば、この世界で、頻度順を掲げ登場したのは小学館の『プログレッシブ中国語辞典』(一九九八、以下『プロ』)にすぎない。正確に言えば、「初級、中級者が接する機会が多いであろう語義の順」に並べたのである。これも、コーパスを利用したわけではなく、いわば執筆者の勘であろう。勘が悪いわけではないし、それも当たっていることが多いだろうが、語義が少ない場合はともかく、語義項目が多くなってくると並べ方も怪しくなる。しかし、今はそれを責めるより、むしろそうしたことを先駆けてやった果敢な行為を評価すべきだろう。

◈頻度順と歴史順

頻度順で言えば、たとえば『プロ』は、〝把〟なら「～を」の介詞の〝把〟、つぎに量詞の〝把〟、さらに動詞の「つかむ」の〝把〟を置き、最後に名詞の「つかみ、柄」の〝把〟を並べる。こんな場合でも、動詞と名詞、量詞のどれに、学習者が接することが多いか、ちょっと考えてしまう。

歴史上の意味の発生順によるなら、動詞の〝把〟がまずあり、つぎにここから名詞の「つかみ」の〝把〟、続いて量詞の〝把〟が派生し、介詞の〝把〟はこの流れとは別に動詞の〝把〟から出てきたと考えられる。多義語の意味の配列に歴史順をとる李行健主編『現代漢語規範字典』（語文出版社、一九九八、以下『規範』）がほぼそうだ。どちらにしても、これを一つ一つの語についてやるのはたいへんなことだ。『規範』はこの方針を採ったもので、これにも敬意を表さなくてはいけない。もう一つ例を見てみよう。

◈〝走〟

〝走〟について『規範』は、つぎのような意味派生図を載せる。①と②との間に派生があり、③以下は②からの派生という意味である。

①走る　走马观花。〔馬を走らせ花を見る→大ざっぱに見る〕

↓

②歩く、行く　走回家去。〔歩いて家へ帰る〕／牛走得很慢。〔牛は歩くのがおそい〕

→③離れる　他刚走。〔彼は帰ったばかりだ〕／搬走。〔運び去る〕／班车走了。〔定期バスが行って

しまった〕

↓④死ぬ　老人终于撒手走了。〔老人はついに手を離し行ってしまった↓亡くなった〕

↓⑤移動する　船走得很慢。〔船はすすむのがおそい〕／钟不走了。〔時計がすすまなくなった〕

↓⑥もれる　说走了嘴。〔つい話をもらしてしまった〕

↓⑦ずれる　走调儿。〔調子がずれる〕

↓⑧通る　走水路。〔船で行く〕

↓⑨つきあう　走亲戚。〔親戚づきあいをする〕

〝走〟の原義が「走る」であることはよく知られている。そこから「歩く」が派生し、「歩く」から「離れる」が派生するというわけだが、どうだろう。これは資料的に確かめられるのだろうか。たとえば、「走る」から「歩く」と「離れる」が別々に派生するというルートも考えられる。古代語の〝走〟は「走る」というより「逃げる」のような意味ももっているからである。こんなふうに歴史的な意味の順というのも、一つ一つ資料の上から検証しないとなんとも言えない。

頻度順だとどうだろう。わたしの経験では、〝〜走〟の例も含めると、②の「歩く」よりも③の「離れる」の方が、学習者は接する機会が多いように思う。実際、〝走〟を「歩く」の意味で使うには、

走过来。〔歩いてやってくる〕／走着去。〔歩いて行く〕／边走边唱。〔歩きながら歌う〕／走得很快。〔歩くのがはやい〕／孩子会走了。〔子どもは歩けるようになった〕

のような語結合、組み合わせが必要だ。これに対し、「離れる」の方の〝走〟は、そのままのカタチで使える。

　你走吧。〔行ったら〕／我走了。〔失礼します〕／快走！〔早く行け〕

〝走〟に対し『プロ』では、「歩く」方の意味を先におく。この処理は本当は現代語における基本義（あるいは中心義）から出発しているのではないだろうか。つまり、「歩く」ということから「離れる」や「移動する」「（気が）ぬける」「（秘密が）もれる」などの意味が派生すると考えているのではないか。車の移動や時計の動きは「歩く」から派生していることはわかる。ただし、「離れる」はわたしも指摘したことがあるし、馬慶株も指摘するように、「歩く」とは文法的なふるまいがかなり違っている（「時量賓語和動詞類」『中国語文』一九八一、第二期）。

　走得很快。〔歩くのがはやい〕／走得很早。〔早く出かける〕

zǒu

走 zǒu ❶动跑▷～马观花｜奔～相告。→❷动人或鸟兽的脚交互向前移动，不同时离开地面▷～回家去｜牛～得很慢｜行～｜竞～。⇒❸动离去▷他刚～｜这里没事了，你～吧｜把椅子搬～｜班车已经～了。❹动对人死的委婉的说法▷老人终于撒手～了。⇒❺动（物体）移动；挪动（物体）▷船～得很慢｜钟不～了｜～两步棋。❻动泄漏；透露出▷说～了嘴｜～了风声｜～漏消息。⇒❼动偏离了原来的样子▷～调儿｜～板｜～样。⇒❽动经过（某种途径行动）▷～水路到大连｜～一道手续。⇒❾动（亲友间）交往▷～亲戚｜～娘家。

『現代漢語規範字典』（李行健主編、語文出版社、一九九八）

の〝走〟の意味は違うし、〝了〟の取り方も、「歩く」の方の〝走〟は持続動詞なので、

她走了一个小时。／彼女は一時間歩いた。

她走了一个小时了。／彼女はもう一時間歩いた。

のように二通りの文型がとれて意味が異なるが、「離れる」の〝走〟は変化動詞なので、

她走了一个小时了。／彼女が行って一時間になる。

のように、文末に変化の〝了〟が必要になる。〝走！〟〈行け〉と〝走开！〟〈離れろ〉は同じ場面で使われるかもしれないが、後者は「歩いた結果離れる」ことで、「離れる」ことは〝开〟の部分で表されている。

◈中心義の提唱

先にあげた『英語青年』の巻頭論文で、瀬戸賢一氏は、多義の記述で、頻度順や歴史順に代わるものとして①「中心義」の設定をあげている。そして、これを中心に②意義の認定③意義の関連④意義の配列を考察すべきだと言うのである。このうち「中心義」とは「他の意義の前提となり、具体的で、認知されやすく、意義展開の接点になることが多いなどの特質を備える」ものとしている。〝走〟の例で言えば、「歩く」を中心義と考えるのが自然であろう。こういう分析をもっとしていかなくてはいけない。

多義語の意味をどう分けるか――語義の記述❽

前回多義語の意味の配列について述べたが、今回はどこで多義とするか、多義をどう記述するかについて考えてみたい。そもそも、多義と言っても、日本人には多義でも中国人には多義でない場合、あるいはその逆の場合がある。こういう場合、日本の学習辞典はどういう記述をすべきか。たとえば、「コアの意味はひとつ?」（八六頁〜）でも少し触れたことがあるが、〝找〟は『現代漢語詞典』（第五版、商務印書館、二〇〇五、以下『現漢』）が、〝为了要见到或得到所需求的人或事物而努力〟（自分が必要とするだれかに会いたい、あるいは何かを得たいと思って努力すること）とするのをはじめ、他の中国で出た辞書でも「おつりを出す」は別として、あとの例はひとくくりである。つまり、中国人にとって〝找〟は多義ではない。ところが、日本人向けの辞書なら、たいてい、少なくとも、

(1)さがす
(2)尋ねる

の二つの意味は立てる。中国人が〝找〟の意味は一つだとしても、日本語ではそれに対応する日本語がきちんとあり、二つを立てた方がわかりやすいと考えるからだろう。もっとも、わたしが『一歩すすんだ中国語文法』（大修館書店、二〇〇三）であげ、『東方中国語辞典』（東方書店、二〇〇四、以

下『東方』で例に出したような、両親を前にして、〝孩子找妈妈还是找爸爸〟〔子どもはお母さんの方へ行こうとしますか、それともお父さんの方ですか〕というような例は、どちらの訳語でもぴったりしない。むしろ、『現漢』の注釈を訳してそのまま出したいほどだ。三省堂の『超級クラウン中日辞典』(二〇〇八)が、(1)(2)をあわせて「(人や物を)訪ねる。探す」とするのは、中国の辞書の意味分類を意識してのことかもしれないが、用例が〝找人〟〔人をさがす〕、〝找东西〟〔ものをさがす〕、〝找事做〟〔仕事をさがしてする〕しかないのはものたりない。

◈〝要〟

〝要〟も「コアの意味はひとつ?」で少しふれたことがあるし、『一歩すすんだ中国語文法』でも、

(1)ほしいと思う。
(2)ほしいと言う。
(3)もらう。

の三つの段階を立てた。『現漢』の、

①希望得到;希望保持〔ほしい、いる〕:他~一台电脑。〔彼はパソコンをほしがっている〕/这本书我还~呢?〔わたしはこの本がまだ必要だ〕
②因为希望得到或收回而有所表示;索取〔手にいれたり取りもどすために意志を示す、取る〕:~账。〔借金の取り立てをする〕/小弟弟跟姐姐~钢笔用。〔末の弟は姉からペンを借りて使う〕

のうち、①は右の(1)と(2)を含む。もっとも、中国の辞書でも『学漢語用例詞典』（北京語言大学出版社、二〇〇五）、『商務館学漢語詞典』（商務印書館、二〇〇六、以下『商務館』）などは右の①と②を分けない。『東方』や『商務館』はさらに、〝要多少銭〟（いくらかかりますか）、〝要几个小时〟（何時間かかりますか）のような例を一つの意味項目に立てる。これは、①からの派生だが、この場合には主語に人がこないという特徴がある。

さらに、〝要＋人＋V〟は、『現漢』が、

③请求：她～我替她写信。／彼女はわたしにかわりに手紙を書いてほしいと言った。

と、一つの意味項目としたように、ほかの辞書もほぼ別項目とするが、これもある意味、文型の問題だから、①の下位分類にするという方法もある（〝要〟を統一的に記述しようとする試みは、望月八十吉、古川裕氏らに論文がある）。

◈〝忘〟

〝忘〟は、英語でいうとforgetとleaveの使い分けがあって気になる語だ。つまり、「傘を車に忘れた」というような、場所を伴う場合、英語ではleaveを使う（もっとも、米語ではforgetも使うという。『現代英語語法辞典』三省堂、二〇〇六）。しかし、中国語では「置き忘れた」場合も〝放〟ではなく〝忘〟を使って〝我把伞忘在车上〟と言える。だから、日本語や中国語の〝忘〟や「忘れる」は、それ以上意味を分けないでいいと思うし、現に中国語の辞書では「忘れる」も「置き忘れる」も一つである。

しかし、日本では意外にも『新明解国語辞典』（第六版、三省堂、二〇〇五）や『明鏡国語辞典』（大修館書店、二〇〇二）は、「置き忘れる」の「忘れる」を別項目で立てる。『新明解』が言うように、「置き忘れる」の方は、「〜ニ〜ヲ忘レル」の文型をとる。この文型がこの意味を保証しているわけだが、一つの意味の下で文型だけ分けるという方法もあるだろう。

日本語の「〜ヲ忘レル」はあいまいで、「お弁当（傘）を忘れた」は「持ってくるのを忘れた」場合だろうが、「あ、宿題忘れた」は、「するのを忘れた」かもしれないし、「持ってくるのを忘れた」かもしれない。しかし、日本語の「忘れた」の意味記述としては、これらを統合したものを一つ出せばいいのではないだろうか（中国語の〝我忘了作业〟もあいまいな文で、〝忘了留作业〟（宿題を出すのを忘れた）、〝忘了写作业〟（宿題をするのを忘れた）、〝忘了带作业〟（宿題を持ってくるのを忘れた）を含むようだ）。ともかく、意味項目をいくつに分けるかという問題は、日本語と中国語の意味の分け方ともからんできて、必ずしも容易ではない。

◈用法の別は意味の下で

用法の違いを分けるのは学習者にも親切だ。しかし、それはある一つの意味の下に下位分類として示すのがいい。たとえば、小学館『中日辞典』（一九九二、第二版二〇〇三）では、〝快〜了〟の例を、

a 〝快〟＋動詞

b〝快〟＋形容詞
c〝快〟＋数量詞
d〝快〟＋名詞（時間、季節）

の四つに分ける。少々分け過ぎの感もあるが、学ぶ側からすれば、用法の違いがはっきりわかる。

◈形容詞の意味と用法

周知のように、中国語の形容詞は述語になるほか、連体修飾語、連用修飾語、補語などになることができる。もし、これらの用法の間で、意味に大きな変化がないとしたら、あるのは単に用法からくる差であり、意味としては一つにくくりたい。しかし、『現漢』などは、時に不統一のものがある。たとえば、

你早点儿来。／早めに来て。
快来帮忙。／はやく手伝いに来て。

の〝早〟を形容詞の状況語とするのに、の〝快〟は、副詞に分類する。

〝情人〟は恋人それとも愛人？——語義の記述❾

辞書を引いていて、ときどき困ることがある。ある語に複数の意味があるのはふつうのことで、とりたてて問題にすることもない。しかし、それらがまったく違った意味をもっているときは困る。

◈〝卫生纸〟とは？

〝手纸〟と書いて「トイレットペーパー」のことだというのは、入門の段階でよくとりあげる例だ。しかし、わたしはこれまでこの言葉を耳にしたことがない(用例カードも一枚しかとっていない)。同じ年格好の中国人の同僚に聞くと、自分は使うという。しかし、四〇前の若い女の先生に聞くと、そのことばは古く、今は〝卫生纸〟を使うという。

ところが、この〝卫生纸〟を『现代汉语词典』(第五版、商務印書館、二〇〇五、以下『现汉』)で引くと、①に〝手纸〟の意味をあげるが、②は女性の「生理用のナプキン」だと書いてある。そうなるとうかつに使えない。恐る恐るその若い女の先生に聞くと、女性用のは〝卫生巾〟で今は分けているという。たしかにネットを検索してもそのようだ。おそらく、ある時期〝卫生纸〟が両方の意味で使われていたことがあり、『现汉』はその痕跡を残していると考えるべきだろう。しかし、辞書に書いてあるだけに、こういう判断は難しい。もう少し例を見てみよう。

◈〝同居〟はいつも「同棲」？

テキストに〝同居〟が出てくれば、学生には、これは「同居」ではない、「同棲」の意味だと口やかましく注意する。実際、そういう意味で使われるのがふつうだ。ところが、『現漢』には、

①同在一处居住：父母死后，他和叔父同居。

／同じ場所に住む：両親が亡くなった後、彼はおじと一緒に住んでいる。

②指夫妻共同生活，也指男女双方没有结婚而共同生活。

／夫婦がともに生活すること、または男女がまだ結婚をしていない状態でともに生活すること。

のように、「同棲」の意味もあげるが、それは一番最後で、まず日本語でいう「同居」、さらに、「夫婦の同居」の意味を出す。もちろん、「同居」の意味は、

他和父母同居。／彼は両親と同居している。

（『商務館学漢語詞典』、商務印書館、二〇〇六、以下『商務』）

のような文脈で出てくるからわかる（こういう場合でも〝他和父母住在一起〟〈彼と両親は一緒に住んでいる〉と言うほうが自然だろう）。同じ意味項目に出てくる例、

他们两个人同居一室，关系非常好。

も〝同居一室〟とあるから、「彼らは部屋をシェアしていて、とても仲がいい」という意味にとれる。この〝他们〟は〝他＋他〟であれ〝他＋她〟であれ「同棲」という関係にはなるまい。

『現漢』の②は語釈のみあって例がないが、『商務』は、次のような例をあげる。親世代のにが

にがしさが伝わってくるようだ。

她和男朋友同居了三年，后来分手了。／彼女は彼氏と三年同棲したが、その後別れてしまった。

现在有些青年男女不结婚就同居。／今は若者の中には結婚しないで同棲するものもいる。

很多父母不赞成青年人不结婚就同居。／多くの両親は若者が結婚せずに同棲することに反対している。

上の例の中に出てくる〝分手〟は、「男女の別れ」に使われることが多い。『分手――当代中国人離異過程報告』（西苑出版社、一九九九）という離婚の事例を集めた本もある。しかし、〝分手〟は単に会って別れるというときにも使える。こういう場合も、使う時どちらの意味になるのか不安になる。ちなみに『現漢』は〝别离〟，分开〟（別れる）とあって、両者を分けない。『現漢』があげる例のうち、後者は男女の別れである。

我要往北走了，咱们在这儿分手吧。／僕は北へ行くので、ここでお別れしましょう。

他们两个人合不到一起，早分了手。／彼ら二人は性格が合わないのでとっくに分かれてしまった。

◈〝情人〟は恋人？　愛人？

テレサ・テンの歌に「愛人」というのがある。昔テレビのクイズで、これを中国語でどういうか、「□人」に適当な漢字を入れよという問題が出たことがある。答えは「情人」なのだが、「情」と答えた解答者はだれもいなかった。日本人にはつくりにくい語ということだろう。ところで、バレンタインデーを中国語では〝情人节〟という。しかし、まさかこれは「愛人の日」ではあるまい。

『現漢』で〝情人〟を引くと、ここでも、二つの意味を列挙している。

①相爱中的男女的一方。／恋愛している男女の片方。

②特指情夫或情妇。／特に、男あるいは女の愛人を指して言う。

『商務』はつぎのような例をあげる。

①相爱着的男女（恋愛中の男女）：

她是他的情人。／彼女は彼の彼氏だ。

他们是一对情人，快结婚了。／彼らは恋人同士でもうすぐ結婚する。

我们现在很少说〝情人〟，爱说〝女朋友〟和〝男朋友〟。／今はめったに「情人」とは言わず「ガールフレンド」や「ボーイフレンド」と言う。

我们是情人，还不是爱人。／私たちは恋人で、まだ夫婦ではない。

②特指跟已婚的人有恋爱关系的人（特に既婚者と恋愛関係にある人を指す）：

她还没离婚，但是有一个情人。／彼女はまだ離婚していないが、愛人がいる。

他的情人比他小八岁。／彼の愛人は彼より八つ年下だ。

他们俩是什么关系？·是情人吗？／彼ら二人はどんな関係か、愛人同士か。

在中国，人们认为结了婚的人再有情人是不道德的。／中国では、人々は結婚した人がさらに愛人をもつことは不道徳なことだと考えている。

だいたいは結びつくことばやコンテキストからわかりそうにみえる。しかし、そうも言えない。たとえば、〝她是他的情人〟も、中国の検索サイト〝百度〟で検索すると、つぎのように「愛人」の意味で使う例が見つかる。

她是你的女生吗？ 她是你的女友吗？ 她是你的老婆吗？ 她是你的情人吗？

／彼女はあなたの女友達ですか。彼女はあなたの彼女ですか。彼女はあなたの妻ですか。彼女はあなたの愛人ですか。

她干脆直接问老公说：〝她是你的情人吗？〟〝算是吧。〟老公还在笑，真是不知羞耻。

／彼女はきっぱり直接夫に尋ねた、「彼女はあなたの愛人なの？」「そうなるかな」夫はまだ笑っていた。本当にこの恥知らず。

〝一对情人〟は、たしかに、

现在你只要看见一对男女在咖啡厅里喝咖啡，你如果说他们是一对情人，可能你要大错特错了。

／今一組の男女が喫茶店でコーヒーを飲んでいたのを見ただけで、あなたが彼らは恋人同士だといえば、おそらくそれはとんだ間違いだ。

のように、「恋人どうし」の場合もあるが、

他是单身一族，她是有夫之妇，他们是一对情人。

／彼はシングルで、彼女は夫がいる身で、彼らは不倫のカップルである。

他们应该不是夫妻，但是从他们两个人亲密的样子和称呼来看，也肯定不是父女。也许他们是一对情人？

／彼らは当然夫婦ではないが、彼ら二人のあの親密な様子や呼びかけ方からすれば、間違いなく親子でもない。もしかしたら彼らは不倫のカップルかも知れない。

のように、そうでない例もたくさんある。

面白いのは、『商務』の①の中で、今〝情人〟とはあまり言わず、〝女朋友〟とか〝男朋友〟と言うという例である。〝情人〟の「恋人」という意味は、〝情人节〟には留まるものの、やはり「愛人」という意味で使われる傾向が強くなったということではないだろうか。

〝情人节〟〔バレンタインデー〕
「バレンタイデーのプレゼントはわたしのが一番」。

〝免费提供手纸〟
〔トイレットペーパー無料で提供〕
上海・蘇州間のサービスエリアで。

単語の文体

単語の文体について有名なのは『岩波中国語辞典』（一九六三）の、普通話を○（無標）、北京語を下の一とする上下五ランクずつの語彙文体分類である。あとがきによれば、この判定の中心となったのは黎波氏だったという。これは当時としては画期的な試みであった。もっとも、その後の政治運動を通し人々が書面語による文章を読み、書き言葉に慣れていくにつれ、語に対する文体評価もつねに変動している可能性がある。しかし、その後単語の文体を積極的に問題にしたものをみない。

もちろん、『現代漢語詞典』（商務印書館）をはじめ、日本の辞書でも〈口〉〈書〉〈方〉といった注記はあるし、植田均氏による『現代漢語詞典』の調査もある。しかし、学習辞典の文体情報は、とても十分とはいえない。

そもそも、わたしたちが中国語で会話をしたり、文章を書いたりするとき、中国人の先生におかしいといわれる原因の一つは、語の文体をよくわからず使うことである。硬い語と柔らかい語をまぜこぜにして使ってしまうのである。とりわけ日中同形語は日本人を誤らせる。入門や初級で、積極的に使おうとする学習者ほど、日本語の文体に引きずられて間違いをしてしまう。たとえば、〝夫妻〟と〝夫妇〟は日本語と文体が逆で、〝夫妻〟は「夫婦」、〝夫妇〟は「夫妻」に対応する。

だから、

我们夫妇一直感情很好。／私たち夫婦はずっとなかがよい。

は、「わたしたち夫妻は」となっておかしく、〝夫妻〟でなければならない。また、〝出席〟〝参加〟では、日本語は「出席」の方が柔らかいことばだが、中国語の〝出席〟は多く正式の会議に使えるだけで、むやみに使えない。

◈同義・類義語辞典の文体情報

こういう情報が辞書にないわけではない。外国人のためにつくられた同義語、類義語辞典の中には単語の文体情報がかなり入っているものもある。たとえば、楊寄洲・賈永芬編著『1700対近義詞語用法対比』(北京語言大学出版社、二〇〇五)には、文体的な違いの注記がしばしばみられる。たとえば、

【活儿・工作】〝活儿〟……用于口语，……〝工作〟……口语书面语都可以用。

／〝活儿〟……は口語に用い、……〝工作〟……は口語・書面語どちらにも用いる。

【耽误・耽搁】〝口语中多用〝耽误〟，〝耽搁〟用得较少。

／口語では多く〝耽误〟を用い、〝耽搁〟を用いることは比較的少ない。

【搁・放】〝搁〟只用于口语，〝放〟没有此限。

／〝搁〟は口語のみに用いるが、〝放〟はこの限りではない。

【长处・优点】〝长处〟用于口语，〝优点〟口语和书面语都用。

／〝长处〟は口語に用い、〝优点〟は口語・書面語どちらにも用いる。

【赶快・赶紧】〝赶紧〟多用于口语，〝赶快〟口语和书面都常用。

／〝赶紧〟は多く口語に用い、〝赶快〟は口語・書面どちらにも常用される。

【本领・本事】〝本领〟多用于书面，〝本事〟用于口语。

／〝本领〟は多く書面に用い、〝本事〟は口語に用いる。

【点子・办法】〝点子〟用于口语，〝办法〟口语和书面都常用。

／〝点子〟は口語に用い、〝办法〟は口語・書面どちらにも常用される。

口語、書面語両方に使われるものと、一方に多く使われるものがあることがわかる。こうした情報はありがたい。

また、「正式の場合」とか「外交の場面で」とことわる場合もある。こうなると文体の硬度はより高くなる。

【拜访・拜会】〝拜会〟多用于外交场合。

／〝拜会〟は多く外交の場面で用いる。

【称赞・赞扬】〝赞扬〟用于正式场合，〝称赞〟用于一般场合。

／〝赞扬〟は正式の場面で用い、〝称赞〟は一般的な場面で用いる。

【表彰・表扬】〝表彰〟多用于正式的庄重的场合，口语一般不用，〝表扬〟不受此限。

／〝表彰〟は正式で重々しい場面に用い、口語では一般に用いない。〝表扬〟はこの限りではない。

【打发・派】〝打发〟是个口语词，不能用于正式场合，〝派〟口语书面都常用，可以用于正式场合。

／〝打发〟は口語であり、正式な場面で用いることはできない。〝派〟は口語・書面どちらにも常用し、正式な場面で用いてもよい。

◈類義の単音節語と二音節語

単音節語と二音節語で類義的なものはたいてい単音節語の方が口語的である。

【安・安装】〝安〟是个口语词，〝安装〟多用于书面。

／〝安〟は口語であり、〝安装〟は多く書面に用いる。

【按・按照】〝按〟……口语常用，……〝按照〟……书面语常用，……

／〝按〟……は口語で常用され、……〝按照〟……は書面語で常用され、……

【办・办理】〝办理〟多用于书面，〝办〟为口语，……

／〝办理〟は多く書面に用い、〝办〟は口語であり、……

【帮・帮助】〝帮〟多用于口语，〝帮助〟书面、口语都用。

／〝帮〟は多く口語に用い、〝帮助〟は書面・口語どちらにも用いる。

【改・改变】〝改〟多用于口语，〝改变〟口语书面都常用。

／〝改〟は多く口語に用い、〝改变〟は口語・書面どちらにも常用される。

【猜・猜测】〝猜〟是口语，〝猜测〟用于书面。

／〝猜〟は口語であり、〝猜测〟は書面に用いる。

【催・催促】〝催促〟是书面语，比较郑重，〝催〟是口语。

／〝催促〟は書面語であり、やや改まっているが、〝催〟は口語である。

◈虚詞の文体

虚詞の類の文体注記も役に立つ。


【不仅・不但】〝不仅〟也说〝不仅仅〟，多用于书面。〝不但〟口语书面都常用。

／〝不仅〟は〝不仅仅〟とも言い、多く書面に用いる。〝不但〟は口語・書面どちらにも用いる。

【不论・不管】〝不管〟多用于口语，〝不论〟口语和书面都用。

／〝不管〟は多く口語に用い、〝不论〟は口語と書面語どちらにも用いる。

【不过・但是】〝不过〟多用于口语，〝但是〟没有此限。

／〝不过〟は多く口語に用いるが、〝但是〟はこの限りではない。

【但・但是・可是】〝但〟……常用于书面，〝可是〟多用于口语，〝但是〟口语和书面都常用。

／〝但〟……は書面に常用され、〝可是〟は口語に常用され、〝但是〟は口語・書面どちらにも常用される。

【次・回】〝回〟只用于口语，〝次〟既用于口语，也用于书面。

／〝回〟は口語のみに用い、〝次〟は口語に用いるが、書面にも用いる。

【不由得・不禁】〝不由得〟是口语，〝不禁〟是书面语。
／〝不由得〟は口語であり、〝不禁〟は書面語である。

もっともこうした注記がすべての同義・類義語のペアについているわけではない。

軽声の注記は変わる――音声❶

この(二〇〇八年)四月来NHKラジオ「まいにち中国語」の仕事を担当している。もちろん、テキストも同僚の中国人の先生の協力を得て自分で書く。テキストの本文、用例はもっとも精力を注ぐ部分ではあるが、中でも気をつかうのが軽声とアール化である。軽声の基準というと、少し古い世代なら、(A)中国文字改革委員会普通話語音研究班編『普通話軽声詞彙編』(商務印書館、一九六三)を思い浮かべるかもしれない。(B)孫修章『普通話軽声詞彙編』(上海教育出版社、一九八五)は同名だが、(A)の延長上にあるものかどうか孫著ではなにも触れていない。ただ、孫著では、その基準をはっきり『現代漢語詞典』(商務印書館)に置くと述べている。このあとでは、(C)魯允中『普通話中的軽声和児化』(商務印書館、一九九五)がある。魯著には普通話学習のためにといって「北京話軽声詞彙表」をあげるが、現在これらをそのまま軽声の基準にすることはできない。

◈"已经"は yǐjing? yǐjīng?

軽声の基準として現在わたしが利用するのは、こうした軽声語彙表ではなく、『現代漢語詞典』(以下『現漢』)である。現在だと二〇〇五年に出た第五版を基準にするのがふつうだ。ところで、『現漢』でも、版によって軽声の注記に変化があるのをご存じだろうか。テキストを書いていて、〝已经〟をyǐjīngとすると、校正の人から、これはyǐjingではないかという指摘をよく受ける。この〝已经〟はわたしの記憶では、

yǐjīng → yǐ·jing → yǐjing

と変化している。わたしが昔よく参照したのは『漢語拼音詞彙』(文字改革出版社、一九六三、初版一九五八)で、これにはyǐjīngとあった。軽声ではなかったのである。それもあってか、わたしが一九八五年に出したテキスト『用例用法初級中国語』(光生館)では、〝已经〟をyǐjīngとした。もっ

	第1版(1978)	第2版(1983)	第3版(1996)	第4版(2002)	第5版(2005)
已经	yǐ・jing	yǐ・jing	yǐ・jing	yǐ・jing	yǐjīng
生日	shēng・ri	shēng・ri	shēng・ri	shēng・ri	shēng・rì
尺寸	chǐ・cun	chǐ・cun	chǐ・cun	chǐ・cun	chǐ・cùn
打算	dǎsuan	dǎ・suan	dǎ・suan	dǎ・suan	dǎ・suàn
因为	yīn・wèi	yīn・wèi	yīn・wèi	yīn・wèi	yīn・wèi

『現代漢語詞典』(商務印書館)の軽声の変化

とも、一九七八年に出た『現漢』ではこれを軽声 yǐ・jing とし、それがずっと二〇〇二年の増補版まで続いていたのだが、今度の二〇〇五年版になって yǐjīng となったのである。この兆候は『現代漢語小詞典』（第四版、商務印書館、二〇〇四）にすでにあり、そこでは yǐ・jīng となっていた。この注記はよく誤解されるのだが、〝一般轻读，间或重读〟（軽声に読むのがふつうで、ままストレスをおいて読まれる）という意味である。それが、今度の第五版で中黒なしの yǐjīng になったというわけである。もっとも、第三声のあとの軽声は高くなるから、第一声とどれほど差があるかは微妙な問題ではあるが。

◈〝生日〟は shēngri？ shēngrì？

〝生日〟shēngri は歴代の『現漢』の中では一貫して軽声で注記されてきた。ところが、実際にはこの ri を第四声、あるいはそれに近く読むことは多くの人が経験している。わたしも自分の編んだテキストでは一貫して shēngrì と注記し、自分でもそう発音してきた。ところが、これも今度の第五版では shēng・rì となったのである。もっともまったく第四声かといえば、そうでもなく、いわばその中間ぐらいの音のようだ。そもそも、現行の記号では、軽声かそうでないかの中間状態は示せない。あるいはこの中黒はその中間状態を示そうというものなのだろうか。NHKラジオ講座のパートナーの一人呉志剛さんはこれを軽声で読むという。ちなみに『現代漢語小詞典』は二〇〇四年版ではすでに中黒表記の shēng・rì としている。

この〝生日〟の仲間に〝尺寸〟と〝打算〟がある。この二つは、『現漢』の一九九六年修訂本では、どちらも

尺寸　chǐcun
打算　dǎsuan

と軽声になっていたが、『現漢』二〇〇五年版ではともに中黒扱いになった。つまり、

chǐ・cùn
dǎ・suàn

である。実はラジオのテキストではどちらも出てきていて、全体のスキット録音の際、〝打算〟の方は、出演者が dǎsuàn に近く読んだのでクレームは出さなかったが、〝尺寸〟の方は、わたしが軽声の chǐcùn で覚えていて、出演者が chǐcùn で読んだので、何回も取り直しを要求した覚えがある。あとで、『現漢』第五版をみて、軽声に読まなくてもよかったのかと反省した次第である。これは要するに、軽声がだんだん減っていっているということである。

◈〝因为〟は yīnwei？　yīnwèi？

〝因为〟は『現漢』では一九七八年版以来ずっと中黒の yīn・wèi である。わたしは自分がほぼ軽声のつもりで yīnwei と読んでいたので、放送の収録の際も、「これは軽声です」と解説した。ところが、これも横に座っている呉志剛さんから、「えっ？」と異議が出たのである。呉さんによれ

ば、これは軽声とも言えないし、第四声とも言えないものだという。そこで、わたしはあとで、〝为〟の部分は軽声と第四声の中間ぐらいの気持ちで読んでくださいと補足した。

◈辞書には現実の音も

こんなことを書いてきたのは、辞書の示す音と現実の音との間にしばしばズレを感じるからである。『現漢』の編集母体である中国社会科学院語言研究所は、そうした言語事実、言語変化を常に観察し、改訂の際に軽声についての修正をしてきたのだろう。

辞書は確かにことばに規範をあたえるものである。しかし、辞書にはもう一つ現実を映す役割もある。ことばは生き物である。辞書にはこうあるけれど、現実にはこんな発音も存在するということを、小学館『中日辞典』(一九九二、第二版二〇〇三)や『講談社中日辞典』(一九九八、第二版二〇〇二)のように、辞書はもっと注記してもいいのではないか。ことばは杓子定規にはいかない。学習者も、おおらかな気持ちで学ぶことが必要ではないだろうか。

アール化──音声❷

◈南方では〝哪儿〟は使いづらい

軽声とともに、アール化も悩ましい問題である。アール化はそのタイプを網羅的にあげていくと、けっこう複雑だし、方言話者によってはまったくアール化しない人たちもいる。共通語を勉強する上でどこまでアール化した語をとりあげるか、今回（二〇〇八年四月～九月）NHKラジオの仕事を引き受けたときも、この問題で頭を悩まされた。

場所を表す代名詞として、ふつうテキストでは〝这儿〟（ここ）、〝那儿〟（あそこ）、〝哪儿〟（どこ）とともに〝这里〟〝那里〟〝哪里〟をあげる。『現代漢語詞典』（第五版、商務印書館、二〇〇五）では、前者には〈口〉（口語）という注記をつける（ただ、〝这儿〟についてはこの注記が落ちている）。北方語話者には、〝这里〟系統の語はやや改まったニュアンスをあたえる。しかし、上海などの南方普通話では、〝这里〟系統の語を使うのがふつうで、わたしは上海や台湾へ行けばすぐに〝你去哪里？〟（どこに行くの）にスイッチする。

◈『現代漢語詞典』のアール化注記

このアール化をどんな語につけるか、基準となるのは軽声のときと同じく『現代漢語詞典』（以下『現漢』である。『現漢』の基準は、比較的はっきりしているようにみえる。

(A)書面語ではアール化が任意だが、口頭語では必ずアール化するもの。これは語彙項目としてアール化したものが出ている。たとえば〝小孩儿〟〔子ども〕、〝聊天儿〟〔四方山話をする〕、〝大伙儿〟〔みなさん〕など。

(B)書面語では一般にアール化しないが、口頭語では一般にアール化するもの。たとえば、

【米粒】(～儿)名米的颗粒〔米つぶ〕

【眼镜】(～儿)名……〔めがね〕

【面条】(～儿)名……〔うどん〕

これは、右のように、品詞の前に(～儿)をつけて示されている。

(C)意味項目によって、アール化する場合とそうでない場合があるときは、アール化する意味の前に(～儿)をつける。たとえば、〝信〟は「手紙」の意味ではアール化しないが、「知らせ」というときは、

【信】⑧(～儿)名信息

つまり、〝信儿〟となる。また、〝味〟も〝野味〟〔食用にする猟の獲物の肉〕ではアール化しないが、「味、におい」というときは〝味儿〟となるとかである。この際、親字で困るのは、このアール化が(A)のケースか(B)のケースかわかりにくいことだ。〝信儿〟は(A)類だ。〝味儿〟も(A)と考えるべきか。

◈彭宗平『北京話児化詞研究』

アール化に関しては、一応『現漢』を基準にしていればよさそうだが、(B)にはゆれがあり、この判定が悩ましい。彭宗平『北京話児化詞研究』（中国伝媒大学出版社、二〇〇五）は、調査を踏まえ、共通語で必ずアール化して読んでほしい語（必读儿化词）と、分かるだけでいい語（必懂儿化词）を抽出するが、『現漢』の(A)〜(C)の範囲を越えるものもある。

◈わたしの分類

(A)に属するもので、ラジオのテキストでとりあげたのは、

小孩儿（子ども）／玩儿（遊ぶ）／聊天儿（四方山話をする）／好玩儿（面白い、かわいい）／味儿（におい）

などである。もっとも、上海などでは、アール化なしで、〝来玩吧〟（遊びにおいでよ）などと言う

『北京話児化詞研究』（彭宗平著、中国伝媒大学出版社、二〇〇五）

から、日本人のわたしは、〝王八〟〔忘八＝妻を寝取られた男〕を連想して、どきっとする。

問題は、口頭語では一般にアール化するという(B)である。これがどうも人によってゆれがある。それで、この判定はわたし自身の経験とラジオの二人のパートナーの意見をもとに決めることにした。パートナーの一人呉さんは北京出身、もう一人の容さんは大連。この二人はアナウンサーとしての訓練を経ているし、容さんはNHKの国際局のアナウンサーでもある。ただ、呉さんは北京人なので、人名でさえアール化したりする。そこで、迷ったときは容さんの判断に従うことにした。つまり、わたしとしては、アール化語はなるべく減らす方針をとったのである。

ラジオ講座の全体のスキットの録音は、NHKの国際局でニュースを読む人たちにも加わってもらったが、その人たちは概して軽声が少ない。これはふだん書面語の原稿を読み慣れているので自然そうなったのだろうが、アール化でも同じことが言えるようだ。今(B)に属するものでアール化を採用した語をあげると、

电影儿〔映画〕／事儿〔用事〕／歌儿〔歌〕／花儿〔花〕／口袋儿〔ポケット〕／猴儿〔サル〕／旁边儿〔側、隣、近く〕／门口儿〔入口〕／一点儿〔ちょっと〕／一边儿〔～しながら〕／发火儿〔怒る〕／整个儿〔まるごと〕／差点儿〔もう少しで～するところだった〕

などがある。

実は、わたし自身テキストを編む際、アール化については、共編者の好みでいつもゆれる。たとえば、〝电影〟〔映画〕、〝事〟、〝门口〟〔入口〕、〝歌〟はテキストによってはアール化しない形をあ

げることもある。しかし、今回は、これらをすべてアール化語として出した。〝事〟は彭宗平著によれば、近年アール化が一般化した語だそうだ。

◈アール化させなかった語

上の分類では(B)であるが、今回アール化を採用しなかった語としては、

上班・下班〔出勤・退勤する〕／号码〔番号〕／算数〔数に入れる〕／加油〔頑張れ〕

がある。〝加油〟については放送で、話し言葉ではアール化しますとつけ加えたが、これをアール化させなかったのは、わたしのまわりの中国人でこれをアール化させずに使う人が多かったことによる。

〝花〟は〝花儿〟とした。〝梅花儿〟は『現漢』では非アール化語であるが、〝这个梅花儿的更好看〟〔この梅のものはもっときれいだ〕というセリフがあって、そこの読み手が、ここをアール化しないと〝没花〟〔花がない〕と誤解されると主張したのでアール化することにしたのである。こういう場合もある。

なお、〝公园〟は、彭宗平著では〝必读儿化词〟〔必ずアール化して読む語〕だが、テキストではアール化しなかった。『現漢』では非アール化語である。

字体が違う！——字体❶

◈テキストと辞書の字体が違う！

この（二〇〇八年）四月からＮＨＫラジオの中国語講座「まいにち中国語」を担当している。四月号の最終ゲラが出た段階で、編集を担当しているＫさんから電話がきた。校正者の一人から、「テキストの漢字と辞書の漢字の字体が違うが、どうしますか」という質問があったという。前回一九九〇年の時もそうだったが、簡体字というのは、どう書いていいのかよくわからないものも少なくない。そこで、その時もわかりにくい字には筆順をそえてもらった。そのときわたしが参考に使った辞書は『漢字正字手冊』（上海教育出版社、一九八五）である。この字書はすべての字に筆順を示しているわけではないが、とても便利で、のちに『通用漢字正形字典』（語文出版社、二〇〇二）を手にするまで愛用してきた。

この筆順表示は前回読者からも評判がよかったので、今回もつけることにしたのである。しかも、今回は一課に四ページ分使えるので、スペースを大きくとって字の練習もできるようにした。それでよけい校正者の注意を引いてしまったのかも知れない。たとえば、〝买〟の字の最後の画の点（买）は、辞書では上にくっついているのに、テキストは離れている。〝月〟や〝真〟の中の短い横棒は辞書では右までくっついているのに、テキストでは離れている。〝女〟の横棒と三画目の払いとは辞書では接しているだけなのに、テキストでは交差している。〝了〟の縦棒は辞書ではまっすぐなのに、テキストではゆるやかにカーブしている等々。Kさんの話では、NHKのラジオ中国語のテキストはもともと辞書と同じ字体の漢字を使っていたが、今年はリニューアルの年で、字体もやわらかいものに変え一新を図ろうとしたらしい。この段階で字体をすべて入れ替えるのはかなり困難だと言う。それもそうだ。わたしはちょっと調べますからと言って電話を切り、手元の辞書類を調べはじめた。しかし、見るものすべて『新華字典』(商務印書館)や『現代漢語詞典』(商務印書館)と同じ字体である。

◈教科書体と明朝体

そんなとき、たまたま近く講演で共演する?予定になっていた京都大学の阿辻哲次さんの新著『漢字を楽しむ』(講談社新書、二〇〇八)を買っていたのを思い出し、ぺらぺらめくってみた。する

买月真女了手子小雪进草	教科書体
买月真女了手子小雪进草	明朝体

簡体字の教科書体と明朝体

と、第二章の「漢字を書く」に、漢字の書き取りテストで間違いとされた字が実はまちがいではなく、非は明朝体という活字の字体を金科玉条のごとく振りかざし、生徒たちの字を間違いとした先生たちの方にあるという話が出ていたのである。

この明朝体というのは、もとは木版で彫られる字体の一種で明の時代に確立したと言われるものだが、それがのちに活字のモデルとなった。明朝体は手書き体の筆運びをモデルにしつつも、彫り安さ、見やすさを追究した結果、タテが太く、横が細い、また「筆押さえ(又)」や「うろこ(一)」などさまざまなデザインをこらした字体に進化し、その結果、手書き体とはかなりずれが生じてしまった(明朝体については竹村真一『明朝体の歴史』[思文閣出版、一九八六]がある。また、日本の明朝体活字を集めた貴重な資料に文化庁文化部国語課『明朝体活字字形一覧一八二〇—一九四六』[大蔵省印刷局、一九九九]がある)。

一九八一年に常用漢字が公布されたとき、この明朝体の字体が基準となったが、手書き体とのずれを埋めるため、字体の上での「許容」範囲が示された。たとえば、「木」の縦棒は手書き体なら左の払いに続くのであるから、最後ははねるのが自然であり(朩)、その形を許容したのである。ところが、教育の現場では、明朝体の字体のみが正しいとされ、手書きにともなう自然な筆運びを間違いとしてしまっているのである。手書き体の字は「教科書体」と呼ばれ、坂倉雅宣『教科書体変遷史』(朗文堂、二〇〇三)という専門書があること、歴代の字体、書道家の筆跡を集大成したものに『大書源』(二玄社、二〇〇七)という本まであることを阿辻さんの本からは教えてもらっ

我会认
刘 菊 残 君 橙 橘 径 斜 枫 于

我会写

于	于			首	首		
枝	枝			枫	枫		
记	记			刘	刘		

读读背背 朗读课文。背诵课文。

我会填

		寒			径	斜	，
							。
停							，
霜							。

我还会背别的古诗，现在就背给大家听。

17

『語文』二年級（人民教育出版社、二〇〇一）

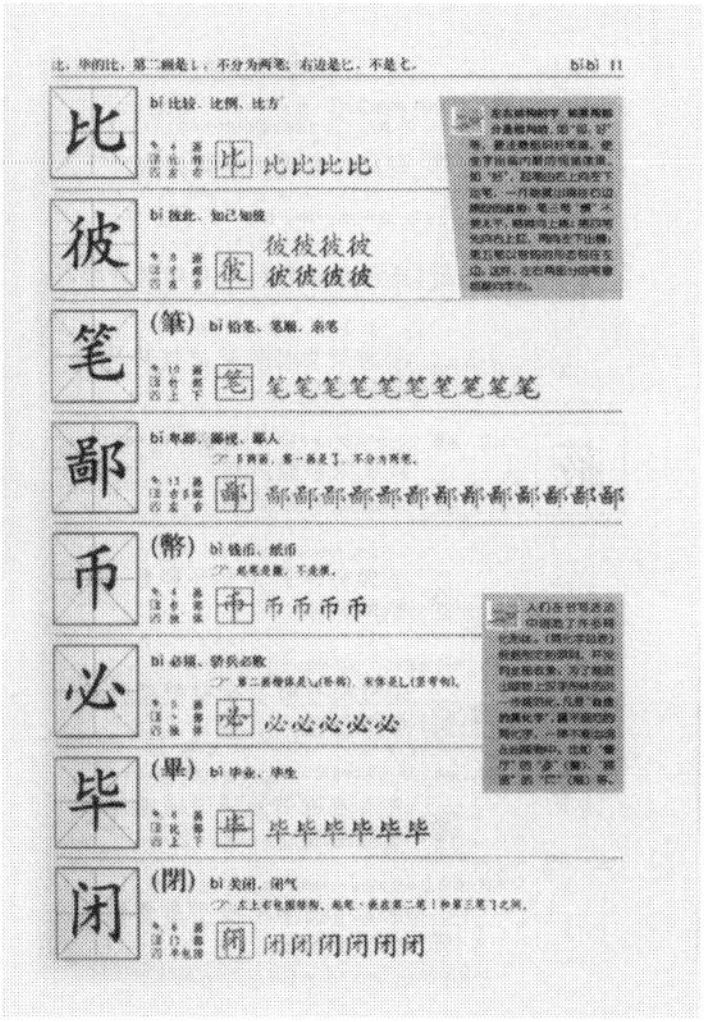
bǐ-bì 11

比 比比比比

彼 彼彼彼彼 彼彼彼彼

笔（筆） 笔笔笔笔笔笔笔笔笔

鄙 鄙鄙鄙鄙鄙鄙鄙鄙鄙鄙鄙

币（幣） 币币币币

必 必必必必必

毕（畢） 毕毕毕毕毕毕

闭（閉） 闭闭闭闭闭闭

『新華写字字典』（商務印書館、二〇〇一）

た。

◈テキストの字体は教科書体？

そして、今わたしがぶつかっていた問題はすべてこの常用漢字の許容の範囲にあり、NHKラジオテキストが今回使った漢字の字体というのは、その多くが日本でいう教科書体の字体と一致していたのである。

わたしは同時に、中国の〝语文〟(国語)の教科書を調べ、低学年のテキストが採用している字体がこのNHKで使おうとしている字体そのものであることも確認した(もっとも、練習問題や説明の字体は明朝体であるし、高学年になるとすべて明朝体に変わりはするが)。わたしはここまで調べKさんに、これは日本の明朝体―教科書体の問題と同じなので、このままでいきましょうという返事をした。

◈根拠となる文献はないのか？

ただ、問題は残っていた。それは、これを論じた中国側文献がまだ見つかっていなかったことである。ところが、それからまもなく、東京の内山書店で漢字の書き順についての本はないかと尋ねて出された『新華写字字典』(商務印書館、二〇〇一)をみて驚いた。なんとそこで親字として出している字は、わたしたちが今テキストで使おうとしている教科書体そのものではないか。

〝宋体〟と〝楷体〟——字体❷

◈〝宋体〟と〝楷体〟

今年（二〇〇八年）の四月にNHKラジオ講座「まいにち中国語」のテキストで採用した漢字の字体が、これまでのものと違い、校正者から質問が出て、あわてて調べたという話を前回書いた。

今年採用したのは、日本で言えば教科書体と言われるもので、小学校の低学年で使われる、手書き体に近い、柔らかい線からなる字体である。これに対し、わたしたちがふだん見慣れている字は明朝体というもので、手書き文字から出発はしているものの、多くの技巧がこらされ、字画は人を誤らせるほどのものである。恐ろしいことだが、わたしはこの年になるまで、明朝体と教科書体の違いをまったく意識せずにやってきた。

このいわば教科書体を親字にした辞書として、前回の最後に『新華写字字典』（商務印書館、二〇〇二）を紹介した。これによれば、中国では、日本で言う明朝体は〝宋体〟（宋朝体）、教科書体は〝楷体〟（楷書）と呼ばれる。明と宋の名称のずれは、この字体が発生した時代（宋）をとるか、完成した時代（明）をとるかの違いである。

このうち、一般に最もよく用いられるものは〝宋体〟で、書籍新聞雑誌はふつう〝宋体〟で印刷される。これに対し〝楷体〟は手書き体を踏まえた字体で、〝宋体〟のように四角張ったものではなく、より弾力に富んだものである。

〝楷体〟を載せた辞書をさらに発見

〝楷体〟は、中国では識字テキスト、児童読み物、大衆性の雑誌等に用いられている。NHKのラジオで今年テキストに使った漢字の字体はすなわちこの〝楷体〟にほかならない。その後、この〝楷体〟を載せた辞書を数種入手した。

『小学生全筆順字典』(語文出版社、二〇〇五)。本書は親字に〝楷体〟を立てるものの、筆順は〝宋体〟に基づく。二つの字体が、筆順に関し違いがないことが分かる。総字数三五〇〇。

『常用字八種字体手冊』(商務印書館国際有限公司、二〇〇八)。本書は、宋体を最初に出し、そのあとに甲骨文、金文、小篆、隷書、草書、行書、楷書の八種の字体を併記する。総字数三五〇〇。

『学前三百字』(吉林美術出版社、二〇〇二)。就学前児童のための識字テキスト。ここで使われている字はすべて〝楷体〟である。

〝宋体〟と〝楷体〟の違い

前回の原稿を書いたあとわかったことだが、前回紹介した『通用漢字正形字典』(語文出版社、二〇〇三)は〝宋体〟を見出しに出しているものの、各所で簡体字と繁体字の違いはもちろん、〝宋体〟〝楷体〟の違いにもふれている。

学 xué 子部 8画 上中下结构。

丶 丷 ⺍ 𭕄 𭕄 学 学 学

①学习：学文化｜勤工俭学。②模仿：学舌｜杜鹃叫，学得真像。③学问；知识：治学｜博学｜才疏学浅。④指学科：数学｜化学｜语言学。⑤学校：小学｜中学｜大学。△上边是'⺍'，不要误写作'⺌'。'⺍'与'小''⺌'不同，'⺍'是不成字的部件，用于'兴、举、觉、应、受、俭、缓'等字，写法从左到右：点、点、短撇；'⺌'是'小'的变形，竖画不带钩，以它作部件的有'尘、少、尖、隙'等字，写法是先中间后两边：竖、撇、点。'⺌'是不成字的部件，用于'光、

『小学生全筆順字典』（語文出版社、二〇〇五）

匕* bǐ
(2画) ノ 匕
【提示】笔顺是先撇后折。撇与竖弯钩相接、不出头，不要错写成相交、出头的七。

比 bǐ
(4画) 一 上 上' 比
【提示】匕，起笔撇与竖弯钩相接、不出头，不要错写成相交、出头的七；位于字或部件左边时，第一笔的撇改横，第二笔竖弯

『通用漢字正形字典』（語文出版社、二〇〇三）

前回では、〝月〟〝买〟〝女〟〝了〟を例にあげた。〝了〟の縦棒をカーブして書くのが〝楷体〟である。〝手〟〝子〟でもそうだが、手書きで、これらの縦棒をまっすぐに書くのはむしろむずかしい。

もう少し例をあげよう。〝小〟の左は〝宋体〟では〝撇〟（はらい）だが、〝楷体〟では〝点〟だとか、〝雪〟の雨の中は〝宋体〟では横棒二本ずつだが、〝楷体〟では点である。また、しんにゅう（辶）の左の二画目は、〝宋体〟ではまっすぐの棒だが、〝楷体〟ではくねっとなる。草冠（艹）の三画目は〝宋体〟では縦棒であるが、〝楷体〟では〝撇〟になるとかである。実際、しんにゅうを〝宋体〟のごとく書くのは至難のわざで、〝宋体〟というものが、あくまで視覚優先のためのものであることがわかる。

こんなふうに、〝楷体〟は文字を習う段階で触れる、手書き体に最も近い字体であるが、小学生も高学年、あるいは中学へ進学し〝宋体〟に触れると、書く字も変わってくるのだろうか。日本でもそれはあるらしく、たとえば、すでに絶版だが、小林一仁『バツをつけない漢字指導』（大修館書店、一九九八）は、生徒が高学年になると明朝体に合わせて漢字を書こうとする傾向を指摘している。もし、中国の生徒が、書き取りで〝宋体〟と違いのある〝楷体〟の字を書いた場合どうなるのだろう。日本のように×になることがあるのだろうか。それとも許容範囲を設けているのか。中国の小学校の漢字教育について知っている人があれば教えていただきたい。

◈意外に共通な面がある

わたしはずっと中国の〝比〟は四画なのに、日本の「比」は五画だと思ってきた。しかし、これは先に述べたように明朝体のデザインがなせるトリックで、「比」は本来四画なのであり、日本の教科書体は中国の簡体字と同じである。明朝体の「北」はむしろ簡体字の〝北〟と同じで、日本の手書き体の方が「北」で異なる。〝令〟などは、中国で〝楷体〟に近づけた例で、日本も明朝体は「令」だが、「令」も許容される手書き体の一つである。

NHK出版担当のKさんから来ていた質問の中に、「愛」の旧字体の下の部分にひげのようなものがあるが(愛)、どうするかというものがあった。これは前回あげた『明朝体活字字形一覧一八二〇—一九四六』(大蔵省印刷局、一九九九)では、ただ、諸橋轍次『大漢和辞典』(大修館書店)だけがこのひげ(筆押さえ)をつけていた。そこで、わたしはこれも明朝体のデザインの問題にすぎないから無視しましょうと答えた。

簡体字の教科書体と明朝体

比北令	教科書体(日本)
比北令	明朝体(日本)
比北令	教科書体/楷体(中国)
比北令	明朝体/宋体(中国)

繁体字に新旧がある！――字体❸

◈繁体字にも新旧がある

ＮＨＫラジオテキストの字体をめぐって、漢字の字体に、〝宋体〟（明朝体）、〝楷体〟（楷書体、教科書体）があることを前回書いた。しかし、字体の問題は実はこれだけではなかった。編集のＫさんからきていた質問のひとつは、なにをもって繁体字とするかである。たとえば、『現代漢語詞典』（商務印書館、以下『現漢』）には〝饭〟〝饿〟の繁体字を〝飯〟〝餓〟とするが、これはいかにも繁体字らしくない。そこでＫさんが提案したのはいわゆる旧字体の「飯」「餓」を出すという案だった。わたしもそれでいいと返事し、「飯」「餓」を繁体字としてあげてもらった。しかし、これは厳密な意味では繁体字の旧字体というものだった。なぜなら、中国では『印刷通用漢字字形表』（一九六五）が出た段階で、繁体字、簡体字ともに新字形というものを打ち出していたのである。たとえば、〝呂→吕〟〝印→印〟〝以→以〟は旧字形と新字形の差で、そのとき〝飯〟も〝飯〟に変わってしまったのである。

◈〝为〟の繁体字は？

〝为〟に対する〝爲〟もその一つであった。これも旧字体である「爲」をあげたのだが、『現漢』では〝爲〟を繁体字としてあげ、〝為〟を異体字として併記する。ちなみに台湾、香港では〝為〟が標準字形である。そうなると、「爲」はどこにも居場所がないことになる。

繁体字は簡体字と対をなすものだとわたしたちは思っている。しかし、繁体字も新旧字体の交替が行われていたのである。

◈〝牙〟と〝牙〟の差は？

〝牙〟に対し〝牙〟をどう説明するかというのもKさんから出ていた質問の一つだった。そのときは、これはデザイン上の違いだから無視しましょうということで、〝牙〟は出さなかったが、実

日中の新字体・旧字体

旧字体（日本）	飯	餓	呂	印	以	爲	牙
新字体（日本）	飯	餓	呂	印	以	為	牙
繁体字／旧字体（中国）	飯	餓	呂	印	以	爲	牙
繁体字／新字体（中国）	飯	餓	吕	印	以	爲(為)	牙
簡体字（中国）	饭	饿	吕	印	以	为	牙

際はこれも新旧字形の違いと言うべきだった(ちなみに、〝牙〟は『康熙字典』では〝牙〟で、四画である)。

◈前回はなぜ悩まなかったのか

九〇年に入門編を担当したときには、こんなことで悩んだ記憶がない。そこで、なぜかと思って昔のテキストを取り出してみると、簡体字のあとの( )の中に示したのは基本的に日本の漢字で、該当するものが常用漢字にない場合のみ旧字体をあげていた。それで問題がおこらなかったのである。考えてみれば、この試みは、ある簡体字がどんな漢字かを示すためにやったことである。なまじ、それを「繁体字」として表示しようとしたために、大きな問題にぶつかったというわけである(なお繁体字の新旧の問題については高更生『現行漢字規範問題』〔商務印書館、二〇〇二〕、厲兵主編『漢字字形研究』〔商務印書館、二〇〇四〕、鈴木慎吾〔京都産業大〕「中日辞典の見出しにおける「繁体字」の扱いについて」〔「第二言語学習の視点からの中国語辞書の検証」科研報告、代表:山崎直樹、二〇〇八・三〕を参照)。

◈筆順も日中で違いがある

NHKラジオテキストで筆順を載せたのは、字のカタチをはっきり知ってもらいたいがためで、筆順それ自身については、あまり気にとめていなかった。それはわたし自身が筆順に関してまったく無頓着であるからだ。昔、親しくしていた中学の国語の先生には、「あなたは国語の成績はいいのに、筆順に関してはまったくだめね」と言われたことが今も耳に残っている。それはともかく、四月号での筆順には一部間違いがあって、それを五・六月号で訂正した。これはKさんが手本にした資料とわたしが提供した資料とが違っていたからである。筆順に関して最も信頼すべきものは、『現代漢語通用字筆順規範』(語文出版社、一九九七)で、前回にあげた『通用漢字正形字典』(語文出版社、二〇〇三)もこれに準拠しているが、本によってどうも違いがあるようだ。

そもそも、筆順というものは、あくまで、そう書けば最も合理的な筆運びができるということで、必ずそう書かなくてはならないというものでもない。大事なことは、できあがった字の画数や形が、他の字と紛れることがなく、正しいかどうかということである。

あまり知られていないが、日本と中国では筆順に違いのあるものがけっこうある。よく問題になるのは「右」と「左」である。「口」「工」の上の部分は、それぞれ右手と左手に腕が交差したかたちで、手の部分から書くと「右」は斜めの払いから、「左」は横棒から始めることになる。ところ

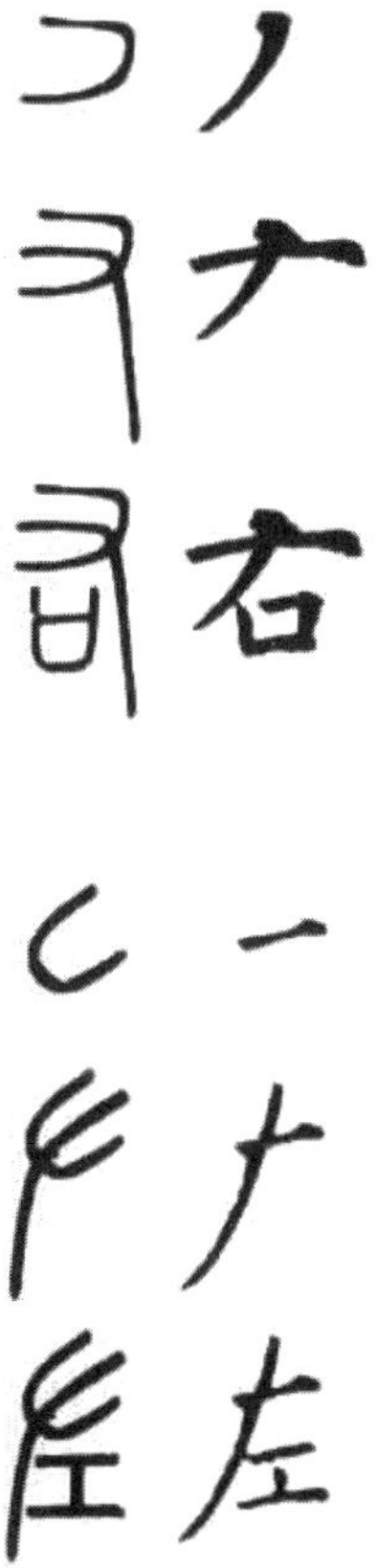

「右」と「左」の筆順(『タイポグラフィの廻廊』府川充男他著、白順社、二〇〇七)

が、中国ではどちらも横棒から始める。そういうわたしも、どちらも横棒からはじめる。小学校で、両者の筆順の違いをたたき込まれた人は、必ず先のように書くが、いかんせん、わたしはそういう話を聞いた覚えがない。日本語教師の資格試験ではかつて、筆順の問題が出たそうである。だが、そうなると、同じ漢字を書くのに、中国人は、日本語として書くときには「右」の筆順を変えないといけないことになる。こんなばかなことはない。なお、国語学の宮島達夫氏によれば、「右」の他に、「耳」「出」「生」「田」「皮」「必」「母」「方」「北」なども、日中で筆順の違いがあるという(「日本語教育と漢字の知識」『国文学解釈と鑑賞』二〇〇三年七月号、至文堂)。

◈方針を変える

ラジオでは、最初〝饭〟〝饿〟の繁体字が繁体字らしくないということで、旧字体を( )で出す方針をとったが、中国語を勉強する人が必ずしもこの旧字体を必要とするわけでもない。そこで、わたしは五月号からは繁体字や旧字体を掲げず、単に日本の常用漢字体を載せるだけにした。最初からこうしていれば、こんなに悩むこともなかったのだ。もっとも〝从〟などは、「従」をあげられてもつながりが見えてこない。この場合はやはり、旧字体で、繁体字でもある「從」もあげるべきだろう。

『現代漢語詞典』を読む（その1）

◈『現代漢語詞典』第五版出る

『現代漢語詞典』（商務印書館）の第五版が二〇〇五年に出た。二〇〇二年の増補版からすれば三年という早さである。第五版では、二〇〇二年版の本文の後ろに置かれていた増補部分を本文に組み入れたのはもちろん、約二〇〇〇語を削り、六〇〇〇語を増補したという。親文字の部分について言えば、それほど変化は感じられないが、収録語数はかなり増えたという印象を受ける。その多くは改革開放に伴う社会変化を反映した語で、たとえば、〝股〟（株式の意がある）、〝网〟（インターネットの意がある）を頭にもつ語は、それぞれ二二→二六、二三→四二のように増えている。面白いのは〝警〟で、理由はよくわからないが二八→四四と大幅に増えている。また、もともと「若い女性に対する尊称」とあった〝小姐〟は、「尊称」が削除されたりしている。じっくり読んでいけば、いろんな発見があるだろう。

◈中国語辞典における品詞標示

しかし、話題の中心はなんといっても、ここに至ってはじめて、中国で最も権威ある辞書に品詞標示がされたということである。形態変化の乏しい中国語において、品詞を決定する難しさはだれしも感じるところで、これまでは用例や（中日辞典なら）訳語によってその場をつくろってきた。もっとも、これまでも品詞標示をした中国語辞典がなかったわけではない。日本では、倉石武四郎著『岩波中国語辞典』（一九六三）がいち早く品詞標示をしていたし、中国では八〇年代に出た北京語言学院（現、語言大学）編『簡明漢英詞典』（商務印書館、一九八二）が品詞を標示している。後者は外国人を対象にしたものである以上、つけざるをえなかったのであろう。同じ頃日本では香坂順一編『現代中国語辞典』（光生館、一九八二）が品詞を付した。

『現代漢語詞典』（以下『現漢』）は内部発行の時代を経て一九七八年に公刊され、それ以後改訂も二度行われ、介詞・副詞・接続詞といった虚詞については品詞が標示されるところまでいっていた。実詞にいつ品詞がつけられるかは秒読みの段階に入っていたのである。それは、同じ中国社会科学院語言研究所編による『現代漢語小詞典』（商務印書館）が一九九九年版から親文字以外の語にすでに品詞をつけていたことからもわかる。一方、九〇年代以降、

『現代漢語用法詞典』（江蘇少年児童出版社、一九九四）
『現代漢語学習詞典』（上海外語教育出版社、一九九五）
『現代漢語語法詞典』（延辺人民出版社、二〇〇一）
『応用漢語詞典』（商務印書館、二〇〇〇）
『現代漢語規範詞典』（外語教学与研究出版社・語文出版社、二〇〇四）

等新しく出た辞書では、品詞標示のないものの方がむしろまれになってきていた。

専門書では二〇〇二年に北京大学の郭鋭の『現代漢語詞類研究』(商務印書館)が出た。本書の品詞分類は方法的な手堅さと数量的な裏付けをもった画期的なものだった。だから、『現漢』の品詞標示もほぼこの線でいくのではないかという予想はついていた。もっとも、今度の新版で品詞認定の責を担ったのは徐枢であるから、郭鋭の説がそのまま採用されたわけでもない。違いもある。

◈語素の独立、非独立

品詞は単語にあたえられるものである。だとしたら、品詞標示をするには、その字(で表記される言語単位＝語素)——より正確にいえば、各意味項目が単語になるかどうかの認定からはじめなければならない。なぜなら文中でどのように働くかをみて、はじめて品詞が決定できるからである。たとえば、同じ〝书〟でも、本という意味のときは単語であるから名詞と標記されるが、「書く」

『現代漢語詞典』第五版
(中国社会科学院語言研究所詞典編輯室編、商務印書館、二〇〇五)

や「手紙」という意味は造語成分(〝书写〟〝书信〟)でしかないから品詞標示がないとか、〝空〟の「からっぽ」の意味は形容詞だが、「空(そら)」という意味は造語成分(〝天空〟)でしかないから品詞がつかないという具合にである。

実はこのような観点からの分類は、古く趙元任・楊聯陞がConcise Dictionary of Spoken Chinese=『国語字典』(一九四七)で試みたことであるし、日本でも、一九六〇年代に香坂順一・太田辰夫『現代中日辞典』(光生館、一九六二)が行っている。前者が品詞標示をしなかったのは、それが字典であったことによるだろう。『現漢』第五版は語素の独立、非独立の認定と品詞標示を同時に行ったのである。ただ、この語素が自立して使えるかどうかという基準は中国人にとってはかなり緩く、動詞では〝售(票)〟(チケットを売る)、〝持(枪)〟(槍を持つ)の〝售〟や〝持〟、名詞では〝(温暖如)春〟(春のように暖かい)、〝(游泳)池〟(プール)の〝春〟や〝池〟なども単語として認定されている(この問題については一六〇頁でもう一度ふれる)。

◈品詞は一二種類

品詞は、名詞、動詞、形容詞、数詞、量詞、代詞、副詞、介詞、連詞(接続詞)、助詞、感嘆詞、擬声詞の一二類で、時間詞と方位詞を名詞に、助動詞と趨向動詞を動詞に、属性詞と状態詞を形容詞に帰属させ、代詞を人称代詞、指示代詞、疑問代詞の三つに分けた。属性詞は朱徳熙のいう「区別詞」で、〝男〟〝大型〟等もっぱら名詞修飾語になる類。名称としては属性詞の方がわかりやすい。もう一つの状態詞は〝雪白〟〔真白だ〕、〝慢騰騰〟〔のろのろしている〕の類で、これは朱徳熙の形容詞二分類の一つ、状態形容詞に対立するものである。

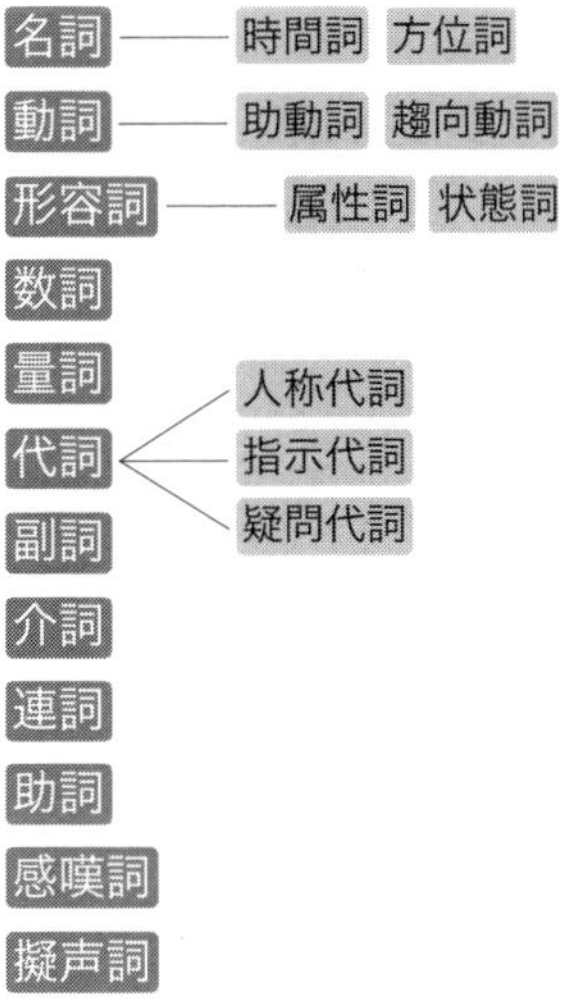

『現代漢語詞典』（第五版）の品詞分類

『現代漢語詞典』を読む（その2）

◈助動詞は動詞の付類という意味

『現代漢語詞典』第五版（商務印書館、二〇〇五、以下『現漢』）では、助動詞を独立した品詞とせず動詞の付類とした。助動詞は〝可能〟（助動詞）—〝也许〟（副詞）のように一方で副詞につながり、一方で〝要〟（助動詞）—〝想〟（動詞？　助動詞？）のように動詞につながっている。そこで、なにを助動詞に入れるかについてはこれまでも意見が一致していなかった。また、助動詞を動詞の付類とすることは、これまで丁声樹等『現代漢語語法講話』（商務印書館、一九六一）や学校文法の考え方でもあって別に目新しいものでもない。もっとも、助動詞は動詞ではあるが、重ねられないとか、〝了〟〝着〟〝过〟のような時態助詞（接辞）がつかないといった、一般の動詞とも違う特徴をもつことも付記されていた。

今回の品詞標示の理論的根拠の一つであったと考えられる郭鋭『現代漢語詞類研究』（商務印書館、二〇〇二）の品詞論はかなり徹底していて、助動詞を付類としても立てていない。郭は、助動詞はムードを表す類という意味的な観点から分けられたもので、純粋に文法機能に基づく限り、動詞、副詞それに形容詞に対し助動詞というものを立てる基準が見つけられないとまで言うのである（一九一頁）。したがって、今回付類としても「助動詞」の名称が残されたのは妥当な措置でもあった。

純粋に文法的な観点から助動詞を立てることが困難であることは、たとえば一般に助動詞といわれるものの中に、対応する否定形をもたないものがあることからも言える。〝要〟の意志と必要の否定が共通語では〝不想〟〝不用〟であって〝不要〟でないことは、入門の文法書で強調されるところで、これを助動詞にいれるのは、まさにムードを表すという他の助動詞と意味的に似た性質をもつからにすぎない。本当は副詞といってもおかしくないものである。ちなみに日本でも『岩波中国語辞典』（一九六三）は、〝要〟を副詞としている。第五版ではそこまで徹底せず単に動詞の付類とするだけである。ただ、〝要下雨了〟（雨が降りそうだ）の〝要〟も助動詞というのはどうだろう。〝快下雨了〟の〝快〟は副詞としているのにである。〝打算〟〝准备〟〝想〟はもちろん動詞で、助動詞という注記もない。また、〝打扫干净好过年〟（お正月をすごすためにきれいに掃除する）や〝日语好学吗〟（日本語は学びやすいですか）の〝好〟を朱徳熙はともに助動詞としていたが（『語法講義』商務印書館、一九八二、六六頁）、第五版では、前者は動詞、後者は形容詞のままである。

◈形容詞に関するいくつかの問題

第五版では、形容詞の付類として属性詞と状態詞を設けた。属性詞は朱徳熙のいう区別詞のことで、もっぱら連体修飾成分になる〝男〟〝大型〟の類。郭の品詞論でも区別詞は一つの品詞である。形容詞の主たる働きが述語になることであるとしたら、区別詞はもっぱら連体修飾語になる語であるから、形容詞の付類とすることはおかしい。呂叔湘も、この類を形容詞に入れるのは少々無理があると考えたが、別に名称を立てることをせず、あえて「非述語形容詞」と呼んだ。これは呂もいうように、この類のうち〝意外〟〔意外な〕、〝积极〟〔積極的な〕、〝具体〟〔具体的な〕のように形容詞化が起こっているものがあるからであろう。「属性詞」という名称も、実はこの類をはじめてとりあげた呂叔湘らの非述語形容詞の論文(『中国語文』一九八一・二)のもとのタイトル「属性詞試論」からきている。

状態詞は〝好好〟〔ちゃんとしている〕、〝雪白〟〔真白だ〕、〝黑洞洞〟〔真黒だ〕、〝稀里胡涂〟〔ぼんやりしている〕のような朱德熙のいう状態形容詞を一つの品詞として立てたものであるが、朱德熙の分類とすべてが重なるわけではない。たとえば〝干干净净〟〔清潔だ〕のような形容詞の重ねを朱德熙は状態形容詞に入れるが、第五版では〝干净〟の項で例にあげるだけで状態詞にはいれない。しかし、〝马马虎虎〟〔いいかげんだ〕は状態詞である。

郭は、状況語になれるのは形容詞の一つの特徴とみてもいいが、数が多くないので副詞として扱うことも可能だと言う(『現代漢語詞類研究』一九八頁)。第五版の例でみると、〝慢点儿告诉他〟〔ゆっくり彼に告げる〕の〝慢〟、〝你早点儿来〟〔早めに来て〕の〝早〟は形容詞としているし、そうみるしかないが、〝点儿〟のないカタチはどうも副詞扱いである。たとえば〝他快回来了〟〔彼はもうすぐ帰ってくる〕の〝快〟、〝他早走了〟〔彼はとうにでかけた〕の〝早〟。これらを副詞にするのはまだわかる。しかし、〝快来帮忙〟〔はやく手伝いに来て〕の〝快〟も副詞である。もし、〝快点儿来〟〔もっとはやく来て〕なら形容詞ということになるのだろうか。

◈〝社会调查〟の〝调查〟は動詞？　名詞？　名動詞？

今回の品詞標示で気になっていたものの一つは、動詞と名詞を兼ねるような語、形容詞と名詞を兼ねるような語をどうあつかうかという点である。つまり、〝语言研究〟や〝社会调查〟の〝研究〟や〝调查〟を名詞として別に立てるか、動詞一本でいくかという問題である。朱徳熙はこれを名動詞と呼び一つの品詞とした。それは〝调查很重要〟〔調査は重要だ〕のような例がどちらであるか決められないからである（『語法答問』商務印書館、一九八五、二五頁）。しかし、郭は、こうした特徴をもつ動詞は、頻度の高い動詞四〇〇〇のなかでは三二パーセントを占めていることを根拠に、これらを動詞に帰属させ、名詞と兼類にしていない。第五版では、これらはもちろん、〝发表〟〝变化〟〝学习〟〝结婚〟も動詞一つである。

一方朱徳熙は名詞か形容詞か分けられないものを名形詞と呼んだが、郭はこれもしりぞけ、〝安静〟〝幸福〟は形容詞のみ、〝危险〟〝困难〟は名詞、形容詞で意味が違うので双方に属すと考えた。しかし、第五版では〝安静〟は形容詞のみだが、〝幸福〟は〝谋幸福〟〔幸せを求める〕のような例があるから形容詞と名詞。一方、〝危险〟は形容詞のみだが、〝困难〟は〝克服困难〟〔困難を克服する〕のような例をもとに、形容詞以外に名詞を設けている。

『現代漢語詞典』の単語認定

二〇〇八年秋の日本中国語学会では、シンポジウム「中国語学習辞典の今後」に先だって、『現代漢語詞典』(商務印書館、以下『現漢』)の第五版改訂の中心メンバーである譚景春氏による講演があった。話の内容はわたしにはとても刺激的なものだったが、とりわけ単語の認定のところで、これまでずっと疑問に思ってきたことの謎が解けた。

◈中国人の単語認識

一つの漢字(語素)を単独で使うことができるかどうかは、私自身、自分で編んだテキストに注記したことがあったし、輿水優氏もいろんなところでとりあげておられる。たとえば、

耳→耳朵/眼→眼睛/眉→眉毛/鼻→鼻子/发→头发

の〝耳〟以下は、中国の小学生の識字絵本などには、一字で出てくることがあるが、かれらはそれを口語で言うときには→のあとのかたちにしなくてはいけないことを知っている。わからないのはわたしたち外国人学習者である。

さらに、〝国〟という字は中国語では単語にならず、〝国家〟と言わなくてはならないのに、〝你是哪国人?〟(どちらのお国の方ですか)のようなコンテキストでは、単独で使えるということがあ

る。つまり、中国語のある種の語素は、一定のコンテキストの中では単独で使うことができるのである。こうしたことをつとに指摘したのは呂叔湘氏で、氏は語素の独立性を以下のように分類した（『漢語語法分析問題』商務印書館、一九七九）。

(1)ふつうは単独で用いることができないが、一定の形式の中（たとえば量詞等との結合）では可能なもの。

三号楼〔三号棟〕／院一级〔院のレベル〕

(2)専門用語として用いられる場合。

氧气／氧〔酸素〕

叶子／叶〔葉〕

(3)成語や熟語の中で。

前怕狼后怕虎〔前門の虎、後門の狼＝いつもびくびくしている〕

你一言，我一语。〔互いにしゃべりあう〕

(4)文章語において。

云／时〔雲／時〕

これまでもたびたび述べてきたが、中国語というのは、漢字（語素）の造語力が強い言語で、単語の範囲を呂氏のように広く考えるのは、中国人に対してはいいかもしれない。しかし、われわれ外国人には、別の基準、つまり、「単語とは文の中で自由に動く単位である」という基準のもとに標示する必要がある。

◈日本での単語認定

それはともかく、この語素が単独で使えるかどうかという標示は、先に述べたように、日本ではつとに、太田辰夫・香坂順一『現代中日辞典』(光生館、一九六一)が採用していた。本書では、親字の意味を黒❶❷白③④のように示し、❶❷は口語(共通語)において単語として用いることができることを示し、③④は「単語としては用いられず、複合語または文語としての意味を示す。この区別は厳密にできない点もあるが、区別しておいたほうが便利であるので大体を示した」と言う。

◈中国での単語認定

中国で、字と語の分離を最初にはっきりと打ち出したのは、おそらく趙元任・楊聯陞『国語字典』*CONCISE DICTIONARY of SPOKEN CHINESE*(一九四七、以下『字典』)で、ここでは、字がそのまま語になるものをF(free word)、語の構成要素にしかならないものをB(bound word)と分けたほか、L(literally style)というものを設けた。ここで言うFとBは、構造言語学の用語で、中国の言語学界でいう単語の定義より厳しいものである。ただ、このあと辞書で本格的に単語の標示がされたのは、『簡明漢英詞典』(商務誼書館、一九八二)になってからである。この辞書が外国人に中国語を教えている北京語言学院（現大学）から出たことは象徴的ですらある。それはつまり、漢字（語素）が単語として使えるかどうかという情報は、外国人にとって欠くべからざるものだからである。

このあと、全面的に品詞標示を示した〇五年の『現漢』第五版が出るまで、一五二頁に出したように中国では品詞標示（単語認定）をした辞書が『現代漢語用法詞典』（江蘇少年児童出版社、一九九四）、『現代漢語学習詞典』（上海外語教育出版社、一九九五）等いくつか出ている。

◈譚氏の見解

こうした辞書を見ていて思うことは、どうも中国での単語認定がゆるいということであった。そう思っているところに、品詞標示をした『現漢』第五版が出た。品詞標示は単語の認定の上に成立するから、当然単語も認定されていた。しかし、『現漢』の単語認定は、上でみた辞書とあまり変わることがなかったのである。一言で言えば、単語認定がゆるい。したがって、わたしとしては、このことがずっと頭にひっかかっていたのである。それが譚氏の講演を聴いて氷解した。それは、氏が品詞標示の前提としての単語認定でつぎのように述べたからである。

単語と非単語の区別はとても重要である。単語になるかどうかは単用できるかどうかである。たとえば、〝牙〞〝齿〞〝看〞〝观〞のうち、〝牙〞と〝看〞は単用でき、〝一颗牙〞（一本の歯）、〝看电影〞（映画を見る）と言える。しかし、〝齿〞と〝观〞は他の語素と結合して〝牙齿〞〝观看〞

のように合成語になるだけである。もし、単用できるかどうかを区別せず、すべて品詞を与えたとしたら、品詞分類の役割を失い、はては中国語を学ぶ人を誤らせてしまう。とまで言う。これはいい。ところが、そのあとで、

口語では一般に単用しないが、書面語で単用できる字は語と見なし品詞をつけた。(时，或，云，春，节，已，窗，桌，杯)

というではないか。これはまさに呂叔湘路線を実践したものにほかならない。わたしは会場で氏に対し、わたしたち外国人を誤らせないために、別の基準をたててもらいたいと意見を述べておいた。

III

中国語辞書あれこれ

辞書の大きさと使い勝手

◈辞書はどこに置く？

本の利用は手の届く距離に比例すると言った人がいた。わたしは研究室に八段の書架を二五本置いているが（このほか床にほぼ三本分、となりの同僚の部屋にも五本分居候させてもらっている）、その中でも、手の届く範囲は辞書が占めている。もっとも、辞書でもめったにしか使わないものもあって、そういうものは最上段に置いている。作家の高田宏さんは、辞書は買ったらケースをはずすそうで、わたしもそれに習ってできるだけはずすようにはしているが、『大漢和辞典』（大修館書店）とか小学館の『日本国語大辞典』は箱に入ったままである。引っ張り出して調べるには不便だが、将来売るときに少しでも高く売れればというあさましさからである（実際わたしはほぼ一〇年おきに、蔵書を数十箱の単位で整理している）。

◈中国の辞書はハードカバーがお好き？

辞書の大きさはいろいろだが、だいたい二〇センチ強のものと三〇センチ弱のものに分かれる。よく使う辞書はケースをとってあるので、ビニール装のものは立てるとぐにゃっとなる。それで、間に『現代漢語詞典』(商務印書館)のようなハードカバーのものを置く。今こうして棚を見渡していて気がついたのだが、三〇センチ弱の辞書は日本製も中国製も、すべてハードカバーだが、二〇センチ強の辞書になると日本のものはビニール装が大半なのに、中国の辞書はおおむねハードカバーだ。どうしてだろう。製本技術の差なのだろうか。中国人はハードカバーの方が高級と思っているのだろうか。

今使っている辞書で一番小さなものは『新華字典』(商務印書館)だ。『新華』はビニール装がふつうだが、一九九八年修訂版あたりからハードカバーのものも出てきた。ビニール装は表紙の端がめくれあがるから、わたしはどちらかというとハードカバーの方が好きだ。

本の利用は手の届く距離に比例すると言ったが、辞書は小さいほど使いやすい。『新華字典』は字形を確かめたり、発音をチェックするときちょっと引くのに便利だ。だから、ある漢字の発音が怪しくなって調べたくなったときは、『現代漢語詞典』が目に入っても『新華』をさがす。日本の紙辞書だと、いきなり『広辞苑』(岩波書店)にいかず『新明解国語辞典』(三省堂)をみるというコースだ。この点から言えば、電子辞書は辞書の大小の観念をすっかり塗り替えてしまった。

◈西洋の影響で生まれた大型の英華・華英字典

小さな辞書で『新華字典』より小さなものがあるのかどうか知らないが、一九世紀から二〇世紀初頭にかけて中国で出た外国語との対訳辞書には大きなものがいくつもある。その筆頭はナポレオン一世の命によって一八一三年に完成した『漢字西訳』(*Dictionnaire Chinois, Francais et Latin*)で、これは豪華な大型フォリオ版である。フォリオ版というのは、元の紙を半分(二折)にした大きさということで、元の紙によっても大きさは異なるのだが、この辞書の場合はタテ四四センチ、ヨコ三〇センチもある。両手でもつのもやっとだ。

一八〇七年に来華したイギリス人宣教師ロバート・モリソンは、全四巻からなる本格的な中国語辞典*A Dictionary of the Chinese Language*を一八一五年から一八二三年にかけて編んだが、これも『漢字西訳』に負けない大きさである。近代日本語に大きな影響を与えたと言われるロプシャイトの『英華字典』もモリソンの辞書に負けず大きい。これはもともと四分冊で出たが、二巻ずつ合訂してあるものが多い。わたしの所有するものはクロス装で背と角が皮革だが、重さが七・五キロもある。こうなってくると引くのもたいへんだ。下手に扱えばぱりっと背がとれてしまうことになる。ロプシャイトの後では、日本にペリーの通訳としてやってきたウイリアムズの『漢英韻府』(一八七四)、二〇世紀に入るとジャイルズの辞書が大きい。もっとも、その間に出たウイリアムズの『英華韻府歴階』、メドハーストの英華・華英字典は判型からいえばさほど大きくない。

こうした大きな辞書はどうして生まれたのだろう。漢字の活字に小さなものが作れなかったからかというとそうでもない。小さなものも出ているから、技術的な問題ではない。なによりも、それら大きな辞書が来華西洋人たちによって編まれたということを想起しなくてはいけない。西洋で作られた本格的な辞書は一七五五年に出たジョンソンの英語辞典である。これもフォリオ版と言われるものでタテが四〇センチ以上もあり、しかも二冊からなる。こうなると引くのもたいへんだ。だから、すぐにいくつもの縮刷版が作られたという。ジョンソンに対抗して出た辞書はウェブスターの辞書で、これは日本だけでなく中国の辞書にも影響を与えた。ウェブスター辞書は数え切れないくらい出ているが、初期のものは大きなものが多い。活字印刷が生まれたころの本はもちろん、技術的な必要から大きくならざるをえなかったが、一九世紀ごろになると豪華本を除いては西洋でも大きな本は作られなくなった。ということはつまり、中国における一九世紀から二〇世紀初頭にかけて作られた、あのばかでかい辞書たちはこうした西洋の豪華本の伝統に倣って作られたのである。

右から
『新華字典』
『現代漢語詞典』
ロプシャイト『英華字典』
『漢字西訳』

語源辞書（その1）

◈今春出版された二つの日本語の語源辞書

今年（二〇〇五年）の春、日本語の世界では前田富祺監修『日本語源大辞典』（小学館）、杉本つとむ著『語源海』（東京書籍）という語源辞書がほぼ同時期に出版された。前者は同じ小学館の『日本国語大辞典』（以下『日国』）第二版の語源の項に基づき再編集したもので、『日国』の編集方針通り、語源を並記するという形をとった。これは『日国』が出た当時、国語学者の間ではかなり論議があったものだが、語源説を唱える人はだれもが自分の説を正しいと思っているから、だれもが認める語源の辞書を編むとなるとごく一部の語に限られてしまう。それに「寝るを好むから猫」だといった怪しげな説もあるけれど、間違った語源解釈（語源俗解）もその時代の言語意識を反映していて、これらを記録しておくことも価値がある。それでいくつもの説が並記されたのである。もちろん、それだけではわかりづらいので、『日本語源大辞典』では解説を加え、どれが有力だとかいった情報を与えている。

◈「雪崩」の語源

杉本氏のものは個人の著と銘打ってあるだけに、氏の語源に対する情熱、個性が強く感じられる辞書である。語の取り方も外来語、ことわざまであって楽しい。しかし、逆に採録の方針がよくわからないところもある。出典の出し方も精粗さまざまで確かめようのないものもある。以下にあげる「雪崩」の場合は表記の語源ということだろうか。

①毎年、冬山の遭難はくりかえされる。原因の一つに雪崩がある。②これはセツホウと音読みせず日本語のナダレにあてた。雪が崩れるのがナダレだからである。③一五世紀ごろからの用法。（六八〇頁、下線と数字は荒川）

①のエッセイふうの書き出しは個人辞書だからできる余裕である。②は要領をえないが、「雪崩」という表記が中国起源ということか。③は日本の用法なのか中国なのか不明。ぜひとも出典を出してほしかった。

「雪崩」にひっかかったのは、かつてこの語が近代日中語彙交流の上で問題になったからである。一般に、中国の近代漢語の多くは、日清戦争後（一八九六年）に日本に留学した中国人留学生が中国語の中に移入したと言われている。しかし、中国においても近代語創製の歴史があったし、日本語から中国語への流れは日清戦争より前からあったことが、近年故那須雅之氏らの研究で明らかになってきた。それは、ペリー来航時の通訳である堀達之助と、ペリーの結んだ神奈川条約の批准書の交換にきた副官アダムスの通訳ロプシャイトとの交流から始まる。そのロプシャイトの『英華字典』（一八六六―六九）は近代日本の訳語の形成に大きな影響を与えたものとして知られている。近代漢語で出自のわからないものがあったとき、この辞書にあればまず中国起源だと思って間違いないとさえ言われる。ところが、そのロプシャイトが、堀達之助の『英和対訳袖珍辞書』（一八六二）を所有し、その一部の語を自分の辞書の訳語として使っていることがわかってきたのである。今地理学用語に限れば「半島」とか「昼夜平分線」などのほか、この「雪崩」が堀からロプシャイトにわたった可能性がある。ということは、江戸の書物に「雪崩」という表記がなければならないのだが、節用集の類や『日国』の記述では、「雪頽」はあっても「雪崩」が出てこない。そこで杉本著にその謎を解く鍵があるかと期待したというわけである。

◈中国語に語源辞書はある？

こんなことを書いてきたのは、中国語には語源辞書というものがあるのかという質問を学生から受けたからである。語源辞書と聞いて思い浮かべるのは王力の『同源字典』（商務印書館、一九八二）や藤堂明保の『漢字語源辞典』（学灯社、一九六五）である。研究書としては近刊に殷寄明『語源学概論』（上海教育出版社、二〇〇〇）がある。中国語のような音節数の少ない言語において、語源というものを考えたとき、一つの形態素のもつ抽象的な意味というものにたどりつく。たとえば、〝清〟〝青〟〝精〟〝静〟〝井〟〝晶〟などには〈すみきった〉という共通の基本義があるというものである。

しかし、一般の人が考える語源というのはそんな高級なものではないだろう。なぜ嫉妬することを〝吃醋〟、お姫様を〝公主〟、道路を〝马路〟というのかといった疑問である。しかし現代中国語の権威的辞書である『現代漢語詞典』(商務印書館)にはそれに答えるような記述がない。

江蘇省塩城師範学院教授の王艾録氏は九〇年代に、こうした語の構造がみえないものについて研究を重ね、まず『漢語理据詞典』(北京語言学院出版社、一九九五)を編み、さらにそれを増補修訂して『現代漢語詞名探源詞典』(山西人民出版社、二〇〇〇)を出版した。『理据』から『探源』の間で語源が新たに判明したものも多いが、今ひとつはっきりしないものもあるし、これはどうかと思う説もある。その紹介と検討は次回に譲ることにして、今、この辞書からいくつか面白そうな語をひろってあげておこう。

拔河/东西/肥皂/酒窝/冰人/公司/冠军/虎口/黄泉/火腿/鸡眼/戒指/解手/露马脚/马桶/盲肠/毛巾/排球/破鞋/秋波/熊猫/生菜/时髦/西瓜/小时/信风

『現代漢語詞名探源詞典』(王艾録著、山西人民出版社、二〇〇〇)

語源辞書（その2）

◈中国語「語源学」の研究書

この夏（二〇〇五年）、学生を引率して半月ほど北京に行ってきた。引率の任務を終えたあと、サウナ風呂のような天気の中、数日本屋を歩きまわった。買った本の中に任継昉『漢語語源学』（重慶出版社、二〇〇四）というのがあった。実はこの本は前回あげた殷寄明『語源学概論』（上海教育出版社、二〇〇〇）にも引用されているものの、私の手元になかったので紹介しなかったのである。初版は一九九二年に出ていて、音を中心にした語源説には興味深いものが多いが、ここでは王艾録氏の、より俗な語源の話を紹介することにしよう。

王氏の著書には、前回あげた『漢語理据詞典』（北京語言学院出版社、一九九五）、その増補修訂版である『現代漢語詞名探源詞典』（山西人民出版社、二〇〇〇）のほか、

『相似造詞語義類釈』（山西教育出版社、一九九九）

『漢語的語詞理据』（司富珍との共著、商務印書館、二〇〇一）

『語言理据研究』（司富珍との共著、中国社会科学出版社、二〇〇二、以下『研究』）

『現代漢語雑論』（中央編訳出版社、二〇〇四）

がある。王氏はこうした業績によって「全国語言文字標準化技術委員会漢語語彙分技術委員会委

員」に選ばれている。

◈理論と俗説のはざまの面白さ

「理据」というのは、その語を語ならしめた原因のことである。そういうと、複合語の語構造を連想するが、それよりも、そのような語をつくった原因のことをいう。したがって、複合語のみでなく、いわゆる単純語もその研究対象となる。そして、そのような理論的背景をもとに編まれたのが、上の、『漢語理据詞典』(以下『理据』)そして『現代漢語詞名探源詞典』(以下『探源』)である。これらの著には興味ある記述もみられるが、考証が省かれているものも多いので、そのまますんなり受けいれられないものもある。以下いくつか紹介しよう。

【熊猫】パンダ……もとは〝猫熊〟である。ところが一九五〇年代に重慶の博物館で展示したとき、プレートに〝猫熊〟と書いたところ、古い読み方にしたがって右から読むものがおり、それが広まって〝熊猫〟となったという。ちなみに、『現代漢語詞典』(第五版、商務印書館、二〇〇五、以下『現漢』)には、両語形がのっている。

【马路】大通り……文字面からみれば「車馬」の走る「路」と解釈したくなる。実際『理据』ではそう説明していた。しかし、『探源』では、新しい道路工法を考案したイングランド人のジョン・マカダムという発明者の頭文字の中国音「馬」からとったものだと訂正されている。

【公主】お姫様……お姫様のことを〝公主〟という。日本のかぐや姫は〝竹林公主〟だ。『探源』によれば、「天子が娘を嫁がせるときは自らせず、天子と同姓の公侯に主催させた。秦漢になると三公がそうした」とあり、「公（が結婚を）主（催）」することからきているという。

【吃醋】嫉妬する……〝吃醋〟が「嫉妬する」意味だというのは少し中国語をやればわかる。しかし、「酢を飲む」ことがどうして「嫉妬する」ことになるのかの説明は『現漢』にはない。『探源』の説は、「もともと〝嫉妬〟jídù だが、古音が近いのでなまって〝吃醋〟chīcù となった。別の解釈では、嫉妬深い女は獅子に変わり、獅子は日に酢と酪を一本ずつ飲む、それでそういう」とある。『研究』（一七九頁）では、これ以外にあと二つ説を挙げている。

【解手】トイレにいくこと、用を足すこと……明代に朝廷が山西の民を無理やり山東や河南の土地に移すのに、逃げないよう彼らの手を縄でしばった。移民たちは、もしトイレに行きたければ〝解手〟jiěshǒu ＝手をほどいてくれといって叫んだ。一説では〝解溲〟jiěsōu＝大小便をすることの訛ったものとも。

【酒窝】えくぼ……お酒（とりわけ白酒）を飲むとき、がぶがぶ飲めないから口をすぼめる。そうすると両ほほに小さなくぼみができることから。江蘇浙江一帯では俗にこのくぼみができるものは酒飲みだという言い伝えがあるという。

【西瓜】スイカ……文字からは西方の瓜と解釈したくなる。実際そう説いている本もある。しかし、そうではなく、女真語からの音訳だそうだ（『理据』）。その女真語はさらに哥爾徳（クルド？）語からきているという（『探源』）。もっとも、この説は『漢語外来詞詞典』（上海辞書出版社、一九八四）にすでに出ている。

【排球】バレーボール……音訳語かと思うが、この球技をするとき選手が列(＝排)をなして立ち並ぶことからという。

【小时】一時間……かつて中国では一日を一二に分け、それらを子〜亥で呼んでいた。西洋の時刻の体系がもたされると二四に分けたので、これを〝小时〟、従来のものを〝大时〟と呼んで区別した。

【鸡眼】ウオノメ……〝趼〟jiǎn を二字 jī-yǎn に分けてあらわしたものという。〝趼〟は〝茧〟jiǎn に通じるが、こちらはタコのこと。

【露马脚】馬脚を現す……日本語では芝居の馬のあしの役者が姿をみせてしまうことだが、それならむしろ〝腿〟になるわけで、ここで〝脚〟を使うことがずっと気になっていた。というのは、〝脚〟は現代語では靴を履く部分であるし、古くも「踵から下」の部分と理解していたからである。『探源』の解釈では、明の太祖朱元璋の夫人の馬氏は纏足をしておらず、(恥ずかしいので)外出時にも足を隠していたが、突風が吹いてきて暖簾をまきあげ、ばれてしまったことからとか。「纏足をする」は〝裹脚〟で、この〝脚〟は foot であることがわかる。この説は『名称由来1001』(中国青年出版社、一九九六)にも出ている。

とまあこんな具合で、語源と言われても「そうかな」と思ってしまうものもある。前回あげた小学館の『日本語源大辞典』が説を並記したというのも十分頷けるわけである。

逆引き辞典

◈『岩波中国語辞典』の目指したものと問題点

『岩波中国語辞典』（一九六三、以下『岩波』）は「耳で聞いてわかる北京のことば」を収めた、単語の辞典である。著者（編者でないことに注意！）の倉石武四郎氏は「玄界灘に漢文訓読を捨てた」人であるから、漢和辞典のような中国語辞典ではなく、ヨーロッパ語の辞典に肩を並べるような中国語辞典をつくりたかったのであろう。しかし、日本であれ中国であれ、世に出ている中国語辞典は一般に漢和辞典方式である。つまり、まず親文字があって、その語釈のあとに、その文字を頭にもつ熟語、成語が並ぶ、あれである。倉石さんの目指そうとしたものは画期的なものであったにもかかわらず、その後これを発展継承するものがほとんどなかったのは、この方式が中国語という言語の性格を充分反映しきっていないからではないだろうか。

中国語は字（語素＝形態素）を基本とする言語であり、その字が単語になるかどうかに関係なく、造語力をもつものが少なくない。たとえば、「みる」といえば話し言葉では〝看〟だが、複合語をつくるとなると〝视力〟〝视觉〟〝视线〟〝视野〟〝视界〟〝视听（教学）〟のように〝视〟の方が活躍する。〝视力〟以下は単語であるから、『岩波』にも出ている。しかし、〝视〟そのものは単語としては使えないから『岩波』にはとられていない。もう一つ。〝汤〟は単語としては「スープ」の意味で、これはもちろん『岩波』にはのっている。ところが、〝汤〟は、〝赴汤蹈火〟（湯の中火の中を辞さずに行く）や〝金城汤池〟（金属で作った城、わきたった湯の流れる堀＝堅固な備え）のような成語の中では、「湯」の意味で使われる。「湯」という漢字を「ゆ」という意味で使う日本人にはなんということはないが、中国人にとって〝汤〟という字の意味を理解するのは、こうした成語を通してしかない。したがって、辞典で中国語の姿をよりトータルにとらえようとすれば、どうしても親文字方式が必要になってくる。これは、『新華字典』（商務印書館）という（一部熟語は収めるものの）文字の字典が存在することからもわかる。かりに岩波方式をとるにしても、その中に「造語成分」といった欄を設ける必要があろう（国語辞典では漢語についてこの方式をとるものが増えている）。

◈親文字方式の辞書を補う逆引き辞典

しかし、親字の下に配列された熟語は、その字が頭にくる語しかならんでいない。一つの字は語の頭にくることが多いものもあれば、逆の場合もある。したがって、辞書がある字の意味と用法の全貌、造語力というものを記述しようとすれば、親文字方式だけで不十分なことは明らかである。そこで逆引き辞典なるものが登場する。

ある字を後にもつ語を配列する辞書は俗に「逆引き辞典」と呼ばれる。今では絶版になってしまったが、英語では郡司利男編著になる『英語学習逆引辞典』（開文社出版、改訂一九八三）が一九六八年に出ている。中国語の世界では一九八一年に上野恵司・相原茂両氏の『新しい排列方式による現代中国語辞典』(日外アソシエーツ)と人民大学言語文字研究所の『常用構詞字典』(中国人民大学出版社)が相次いで出た。前者の収録語数は見出しの単字も含め約三万という。後者は、収める字は常用字三九九四であるが、これだけの字がつくる熟語、成語は総計九万語に達するという。

◈逆引き情報だけではまだ不十分

逆引き辞典は、中国語の語素の全貌を見る上で画期的なものであるが、実は、逆引きだけでもまだ足りない。というのは、字は語の後にくるだけでなく、成語では二字目、三字目にも用いられる。さらには慣用句、俗語等にも用いられている。こうしたものをすべて押さえてこそ、現代語における、ある漢字の意味と用法をトータルにとらえることができる。『常用構詞字典』は、逆引き情報だけでなく、成語の中での用法もあげていた。二〇〇三年に広西人民出版社から出た『現代漢語詞庫』は複合語はもちろん、成語、ことわざ、しゃれことば、名言での使用例まであげていて、うれしくなったものだが、残念なことにどれもその字が語句の最初に来る場合にかぎられている。よりすぐれているのは『現代漢語双序詞語滙編』(武漢大学出版社、二〇〇三)だが、これも網羅的とはいいがたい。現代中国語における漢字の意味の総体を知るには、『現代漢語語素辞典』のようなものが必要だ。これは現代中国語のおける語素=漢字の意味がもれなく納められ、かつそれらがつくる熟語の数、頻度までのせるものである。

◈日本の学習辞書は？

ともかく、日本の辞典でこの「逆引き情報」をいち早く取り入れたのは小学館『中日辞典』初版（一九九二）である。そこでは、〝视 shì　视差　视查……〟のような本文と共に、〝□■傲视，逼视，仇视，敌视，电视，短视，俯视，忽视，环视，检视，蔑视，奴视，歧视，探视，……〟のような逆引き欄が設けられている（□■は親字の漢字を第二音節以降に含む熟語を示す）。〝视〟でいえば、〝视～〟二七、〝～视〟三二で、後に用いられることの方が多い。小学館『中日辞典』にはさらに、〝虎视眈眈〟〔虎視眈眈〕、〝坐视不救〟〔傍観するだけで救おうとしない〕、〝等闲视之〟〔等閑視する〕、〝侧目而视〟〔(恐れや怒りから)横目で見る〕、〝一瞑不视〟〔目を閉じて見ない〕のような成語もあげている。現代語において〝视〟がどのような意味をもち、どれほどの語の中に使われているかをみるには、このような情報が欠かせない。

『常用構詞字典』（傅興嶺・陳章煥主編、中国人民大学出版社、一九八一）

もっとも、研究者はともかく、こうした逆引き情報が学習者にどれほど利用されているかは心もとない。学習者にとって本当に必要な逆引き情報というのは、実際には〝笔〟〝车〟〝灯〟〝房〟のような、いわゆる接辞的なものであろう。これまで何度もあげてきたが、『講談社中日辞典』（一九九八、第二版二〇〇二）の逆引き単語帳がいわゆる接辞に近い造語力の高いものにしぼったのは賢明なことであった。しかも、そこには訳もそえられているから意味もすぐわかる。

成語辞典

◈四字熟語もゲーム感覚

日本では、電子辞書の普及もあって、国語辞典(といっても種類は限られるが)はより身近なものになってきたが、ことわざ辞典の類までそばに備えている人はそんなに多くないだろう。わたしは仕事柄小学館の『故事ことわざの辞典』(一九八六)とか岩波書店の『岩波ことわざ辞典』(二〇〇〇)の類を時にみることがある。もっとも、ことわざと言ってもいろいろあって、「早起きは三文の得」の類は、そもそも本から学ぶより大人たちから学ぶものである。ところが、大人たち自身が最近ではことわざというものをあまり知らない、使わない。いきおい子どもたちもことわざを使う機会が減る。もっとも、最近の日本語ブームで、「弱肉強食」「一知半解」といった四字熟語に関する本はいくつか出てきた。テレビの日本語特集番組でもよく取り上げられているし、携帯のゲームにも四字熟語をあてるものがあって、今や人々はゲーム感覚で四字熟語を学ぶようになってきている。

◈中国語のことわざにはいろいろある

中国語のことわざにもいろいろある。いわゆる〝诲人不倦〟(人に教えて倦まず)、〝任重道远〟

〔任重くして道遠し〕のような、故事を踏まえた、古典に出典のある成語、〝摆架子〟〔偉そうにする〕、〝碰钉子〟〔壁にぶつかる〕ような慣用句、〝跑了和尚跑不了庙〟〔責任逃れはできない〕、〝一把钥匙开一把锁〟〔問題にはそれぞれ異なる解決方法がある〕のような俗語、〝热锅上的蚂蚁——团团转〟〔熱い鍋の上の蟻——ばたばた動き回る〕のように前だけ言って後を言わないしゃれことば〔歇後語＝後半部を休む語〕があり、これらをまとめて「ことわざ」と呼ぶとすれば、それはかなりの数にのぼる。さらに以上の範疇におさまらないものの、〝咬牙切齿〟〔歯をくいしばる〕、〝出双入对〟〔いつもカップル〕のような、結びつきが固定的な四字句が数えられないほど生まれてきている。

そして、だれかに感謝する場合なら〝受益不浅〟〔大いに裨益されました〕、〝感谢不尽〟〔感謝に堪えません〕、心配で仕方がないときは〝提心吊胆〟〔気がかりで仕方がない〕、〝牵肠挂肚〟〔腸を引っ張り腹を掛ける＝非常に気になる〕のように、ある場面ある感情を表現するのに決まった定型句が存在する。成語は中国人にとって共通の知でもあるが、自らの思考と表現をしばる枷でもある。日本の例にもれず中国でも若い人たちのことわざ離れが進行している。しかし、それはいわゆる俗語の部分で、成語の学習などは学校での国語教育の骨幹となるものだけに、今後もおとろえることはないであろう。

そのせいか中国の本屋でも、成語辞典は辞書のコーナーの大きな部分を占めている。その多さはめまいがするほどだ。わたしがよく利用する『現代成語巨典』〔大連出版社、一九九二、全一六一五頁〕には一万八〇〇〇ものことわざが収められている。成語の出典が詳しく、定評のあるものとしては劉潔修『漢語成語講釈詞典』（商務印書館、一九八九）があり、七六〇〇の成語を収める。本書はのちに劉潔修主編『成語源流大詞典』（江蘇教育出版社、二〇〇三）に集大成された。中国語にはいったいどれだけことわざがあるのか計り知れない。荒屋勸氏監修の『子供も話す実用中国語成語１０００』（光生館、二〇〇〇）はそうしたなかから子どもも使う成語を集めたものだが、これだけでも全部自由に使えるかと問われると心もとない。

◈成語のスケルトン解釈

成語というものはその構造が透明である方が覚えるには便利だ。ところが一般の辞書はもちろん成語辞典の類でも、全体の意味は書いてあっても、その構造や構成要素の意味まで立ち入って解説してあるものが少ない。たとえば、〝分道扬镳〟を『現代漢語詞典』（第五版、商務印書

『中国成語辞典』（牛島徳次編、東方書店、一九九四）

館、二〇〇五）は「道を分かれて行く」とだけ説いて、〝扬镳〟とはなにか説明がない。手前味噌で恐縮だが、わたしたちが『東方中国語辞典』（東方書店、二〇〇四）を編んだ際、成語の解説に関して目指したことは、できるだけ構造が透けて見えるようにすることだった。われわれはこれをスケルトン（骸骨）解釈と呼んだ。その際、最も頼りになったのは同じ東方書店から出ていた牛島徳次編『中国成語辞典』（一九九四）である。この辞書の大きな特徴はまず成語を訓読していることである。たとえば、〝幸灾乐祸〟〔わざわいをさいわいとし、わざわいをたのしむ〕、〝来之不易〟〔これをきたすこと　やすからず〕のように。訓読は意味もわからず読んでいるという批判はあるけれど、一字一字読まなくてはならないから、ごまかしがきかない。たとえば、〝如愿以偿〟を訓読すると「ねがいのごとくして　もってつぐなう」となる。これだけでは「つぐなう」の意味がわからない。そこで、本書はさらに「つぐなう」とは「満足する、気がすむ」と注記する。これで構造も意味もわかる。今の大学生はいわゆる漢文の知識があまりないから、文語的なものになると、基本的なものでも知らないことがある。たとえば、〝身临其境〟〔その場に身を置く〕の〝临〟を「のぞむ」と読めなかったり、〝举重若轻〟〔重いものを軽々ともちあげる〕、〝守口如瓶〟〔瓶のように口を守る＝口がかたい〕の〝若〟〝如〟を「〜のようだ」と理解できないことも珍しくない。さきほどの〝扬镳〟も本書には「くつわをあぐ」とあって〝镳〟が「（馬の）くつわ」であることがわかる。こうしたことがわからないと、学習者はまるごと力ずくで成語を覚えていかなくてはならない。残念なことに本書は絶版になって久しい。ぜひとも廉価版で再版してもらいたいものだ。

コロケーション辞典

◈おかゆは〝吃〟？　それとも〝喝〟？

日本語では「スープを飲む」と言うので、わたしたち日本人は中国語で〝喝汤〟と言うと聞いても別に不思議には思わない。しかし、ドイツ語やフランス語では、スープはふつう食べる（独essen　仏manger）ものに属する。だから、ドイツ人やフランス人は中国語を使う際に〝吃〟と言ってしまうかも知れないし、あるいは多少語学の素養がある日本人なら、〝吃〟でいいのか迷うことになる。今、〝吃〟について言っても、〝吃药〟（薬を飲む）や〝吃奶〟（お乳を飲む）は日本語では「飲む」である。では、〝粥〟（おかゆ）は〝吃〟なのか〝喝〟なのか。〝酸奶〟（ヨーグルト）は〝吃〟なのか〝喝〟なのか。そう問われて、さっと、どちらも〝喝〟と答えられる人がどれだけいるだろう。なぜなら日本語ではおかゆやヨーグルトは食べるものだからだ。こんなふうに簡単な動詞でさえ、語と語の結びつき、コロケーションは外国人にとって簡単なものではない。

◈英語のコロケーション辞典

英語のコロケーション辞典には、世界に先駆けて勝俣銓吉郎氏による『英和活用大辞典』（研究社、一九三九）、同『新英和活用大辞典』（研究社、一九五八）がある。収めるものは動詞＋名詞が基本で、これに形容詞＋名詞、常用副詞＋動詞、名詞・動詞＋慣用の前置詞といった連語がはいる。用例はすべて勝俣氏個人が収集したもので、文学的な言いまわしは避けているという。個人辞書の一つのモデルとも言うべきものである。この辞書はさらに研究社のコーパスや英米研究者、日本人研究者の協力を経て、用例は旧版の二〇万からその約二倍に、用例自身は八割が新しく書き換えられ、一九九五年に市川繁治郎編集代表『新編英和活用大辞典』として新たに生まれ変わった。わたしも英文を書いたり、語のコロケーションを調べたりするときに引くことがあるが、そのたびに用例の豊富さにため息が出る。

◈『漢語常用動詞搭配詞典』

中国語では、一九八四年に王硯農氏他によって『漢語常用動詞搭配詞典』(外語教学与研究出版社)が出版された。一二七三語の動詞を中心に、それがとる目的語、補語、状況語について、編者たちの内省にもとづく豊かな用例があがっている。しかも、その用例は連語を越えた文に近いものが多い。コロケーション辞典はもちろん連語の段階まででいいのだが、実際に使ったりする際にはもう少し長い方が便利だ。その点でこの辞典は異色である。ただ、この辞典について不満を言えば、動詞がとる前置詞についてはほとんど注意を払っていないことである。なお、この辞典は(動詞が他のいくつの要素と結びつくかという)結合価を重視するドイツ言語学と相通ずるところがあったのか、一九八五年にドイツのJULIUS GROOS出版社からそのままリプリントされた。また、一九九三年に東方書店から『中国語動詞活用辞典』として翻訳出版されている（ただし絶版）。

日本の中国語の辞書の中で前置詞にもっとも注意を払っているのは伊地智善継編『白水社中国語辞典』（二〇〇二）であろう。しかし、まだ十分とはいえない。中国で出たものでは中日合作MMT漢語生成組編著による『現代漢語動詞大詞典』（北京語言学院出版社、一九九四）が前置詞との結びつきを考えうる限りあげているが、どの前置詞がその動詞にとって本質的なものかという観点がない。王硯農氏たちはその著の序文で、ひきつづき形容詞、名詞についてもコロケーション辞典をつくると宣言していたが、残念ながら出たのは動詞のみである（その令嬢である焦凡氏は『漢英量詞詞典』［華語教学出版社、二〇〇一］を編んでいるが）。

◈中国での他のコロケーション辞典

中国語のコロケーション辞典は〝搭配词典〟と呼ばれる。王氏たちの辞書のあと出たもので、

『現代漢語実詞搭配詞典』
（張寿康・林杏光主編、商務印書館、一九九二）

わたしがもっているのは以下の数冊である。

(A)張寿康・林杏光主編『簡明漢語搭配詞典』(福建人民出版社、一九九〇)

(B)張寿康・林杏光主編『現代漢語実詞搭配詞典』(商務印書館、一九九二)

(C)楊天戈他編『漢語常用詞搭配詞典』(外語教学与研究出版社、一九九〇)

(D)趙培庠編『常用詞語搭配詞典』(首都師範大学出版社、一九九九)

(B)は(A)を拡大発展させたもので、ページ数も最初の六〇〇頁からその三倍に増えている。(B)は書かれたものから用例を取るとともに、言語経験の豊かな中国人からも聞き取り調査を行い、それらを合わせてつくりあげたすぐれた辞書である。「実詞」とあるように、あつかう語は名詞、動詞、形容詞で、それぞれの語が結びつく語をできるかぎり列挙している。ただ、この辞書は、外国人中国語学習者もその対象の一つにはなっているが、本来中国人のためにつくられたもので、単音節の語はあるものの二音節語が中心で、冒頭であげた〝吃〟や〝喝〟はとられていないし、〝知道〟はあっても〝就知道吃(哭)〟(食べる(泣く)ことしか知らない)のような口語表現は収められていない。わたしたちとしては、〝酒量〟は〝大〟であって〝多〟でないとか、〝雨〟や〝风〟を形容する語は〝大〟〝小〟であるが、〝(北方雨)多〟とも言うとか、〝鼻子〟は〝大〟であるが、〝鼻梁〟は〝高〟だといった情報もほしい。そういう意味では、外国人、いや日本人の立場に立ったコロケーション辞典が今後望まれるのである。

類義語辞典

◈中国語の類義語辞典の中心は書きことば

どんな語学を勉強するにしても、学習がすすんでくると類義語の使い分けが気になり始める。それは語彙の量が増えてきたからである。学び始めたころなら一つの語を覚えるのに必死で、意味の似たことばの存在すら気にする余裕もなかったはずだ。ところで、中国の辞書についていうと、

(A)張志毅編著『簡明同義詞典』(上海辞書出版社、一九八一)
(B)劉叔新主編『現代漢語同義詞詞典』(天津人民出版社、一九八七、第三版二〇〇四)
(C)鄧守信主編『漢英漢語常用近義詞用法詞典』(北京語言学院出版社、一九九六)
(D)馬燕華・荘瑩編著『漢語近義詞詞典』(北京大学出版社、二〇〇二)
(E)劉乃叔・敖桂華編著『近義詞使用区別』(北京語言大学出版社、二〇〇三)
(F)賀国偉等主編『現代漢語同義詞詞典』(上海辞書出版社、二〇〇五)
(G)楊寄洲・賈永芬編著『一七〇〇対近義詞語用法対比』(北京語言大学出版社、二〇〇五)
(H)王還主編『漢語近義詞典』(北京語言大学出版社、二〇〇五)

のように、「同義詞」を使うものと「近義詞」を使うものとがある。しかし、実質は同じと考えていいだろう。なぜなら、全く同義の語など存在しないからだ。このうち外国人を対象にしたもの

は(C)(D)(E)と(G)(H)である。

中国人向けの類義語辞典を見ていて思うことは、中国人にとって難しい類義語というのは、主に書き言葉どうしの組だということである。たとえば、(B)には、

方便／便利　保存／保留　出发／动身　愿望／心愿

のように、わたしたち外国人学習者にとっても役に立つ組があがっているが、一方で、

知道／知悉　猜忌／猜嫌　斥责／斥骂　安适／甜适

のように、ほとんどわたしたちが迷いそうもないような組や語が大量に入っている。HSK（漢語水平考試）や中国語検定試験でも類義語の使い分けは問題の一部をなしていて、ある程度意識的に勉強しなくてはいけないが、中国人にとっては、より高度な書き言葉における類義語の弁別が求められているようだ。

◈なにを類義とみるかも母語によって違う

何を類義語の組とするかも、日本人と中国人では違う。たとえば(B)では、〝安装〟〝装置〟を組とするが、日本人なら〝安〟〝装〟〝安装〟の三つを並べて説明してほしいところだ。また、〝安静〟とくれば、〝清静〟〝平静〟との違いが気になるが、(B)では〝静谧〟〝恬静〟といった難しい語を組としてあげる。

日本人にとって説明がほしいのは、

说／告诉　碰／撞　矮／低　拉／扯　知道／明白　知道／了解／理解

のような、やさしい語で使い分けがはっきりつかめない組である。なにを類義語とするかは、個人によっても違うし、組の選び方も人によって違うが、著者も読者も日本人同士だと、選んだペアに違和感を覚えることがあまりない。それは類義と言われるものの出発点が日本語であるからだろう。

今回取りあげた類義語辞典。右から
(H) 王還主編『漢語近義詞典』(北京語言大学出版社、二〇〇五)
(G) 楊寄洲・賈永芬編著『一七〇〇対近義詞語用法対比』(北京語言大学出版社、二〇〇五)
(F) 賀国偉等主編『現代漢語同義詞詞典』(上海辞書出版社、二〇〇五)
(E) 劉乃叔・敖桂華編著『近義詞使用区別』(北京語言大学出版社、二〇〇三)
(D) 馬燕華・荘瑩編著『漢語近義詞詞典』(北京大学出版社、二〇〇二)
(C) 鄧守信主編『漢英漢語常用近義詞用法詞典』(北京語言学院出版社、一九九六)
(B) 劉叔新主編『現代漢語同義詞詞典』(天津人民出版社、一九八七、第三版二〇〇四)
(A) 張志毅編著『簡明同義詞典』(上海辞書出版社、一九八一)

中国人が編んだ類義語辞典の組のあげ方が書き言葉に偏していることは、かれらの求める類義語辞典のありかたを示しているのだが、中国での類義語辞典の中には、単語にならない語素と単語とを組にあげているものがある。たとえば、

兵／战士　国／国家　脚／足　喝／饮夭／失　卖／售／销　买／购　够／足

のようにわたしたちでは考えられないペアを出すことがある。こういう情報は、ある語素(字)が単語かどうかわからない外国人やその意識の少ない中国人には必要なのだろうか。

◈外国人のために編まれた類義語辞典

先にものべたように、類義語辞典といっても、それを使う言語話者の母語によって内容は違ってくる。たとえば、(D)は〝辣／热〟〝矮／短〟などを類義語の組にあげるが、これは前書きにもあるように、英語から出発しているからである。こんなペアは日本人には考えられない。しかし、どちらも英語では hot や short に対応する場合があるとわかると納得する。

(C)は、ハーバード大の鄧守信氏の編になるもので、

colloquial〈口〉 literary〈書〉

のような文体的な違いを含む言語学的な処理がされている。類義語と呼ばれるもので、違いがあまりないなどと言われるものの大部分は文体的な違いである。この辞典はほかにも、語と語の結びつき――コロケーションの可否が、比較的長い例文で示されていて、学習者に有益である。語

と語の結びつきの可否情報を中心にすえているのは(F)である。学習者としては、ある場面でどちらが使えるかだけでなく、さらにどうちがうのかについての説明もほしい。(F)はそれが少ないのが欠点である。これに対し、(E)は説明が詳しいだけでなく、コロケーションや練習問題までついていて実践的だ。ただし、取り上げる組は多くない。(H)は王還の編になるだけに、〝读/念〟〝老/总〟のような単音節の組もあげていて、わたしたちにはありがたい。ともあれ、類義語辞典も、こうした中国で出たものを参考にしつつ、最後には日本人が自らつくるしかないということになる。

英漢・漢英辞典

中国語と英語との二言語辞書は「漢英詞典」「英漢詞典」と呼ばれる。中国語の漢英・英漢辞典をながめていると面白いことに気がつく。

◈英漢より漢英の方が充実している理由は

一つは、英漢にくらべ漢英の方が充実しているのではないかという点である。今、日本人にとっての中日辞典と日中辞典について言えば、中日辞典は学習が進むにつれ大きなものが必要になってくるし、実際大修館書店の『中日大辞典』(一九六八、増訂第二版一九八七)や角川書店の『中国語大辞典』(一九九四)のように大きなものもある。しかし、日中辞典について言えば、せいぜい特殊な単語を引く程度で、わたしはあまり利用した記憶がない。それは中国語を書いたり、話したりするときに利用するのは自分が使ったテキストや中日辞典、中中辞典の類であるからだ。用例の豊富な辞書があれば、そこの用例を応用して文を組み立てた方が自然な中国語になる。なまじ日中辞典を使って作文をすると、中国人の先生にこんな中国語は使いませんと言われるのがおちである。それに最近では中日辞典の付録に「日中小辞典」がつくようになってきたので、日中辞典を買う必要がますますなくなってきているような気がする。

◈中国語を学ぶ外国人を意識する

だから、中国人にとってより充実したものが必要なのは英漢の方ではないかと思えるのだが、予想に反し中国語では漢英にすぐれたもの、大きなものが多いのに気づく。なぜか。一つは中国語を学ぶ外国人を早くから対象として意識していたということがある。外国人に中国語を教えるメッカ的存在である北京語言学院（現大学）が一九八二年に編んだ『簡明漢英詞典』（商務印書館）や王還主編『漢英双解詞典』（北京語言文化大学出版社、一九九七）はまさにそれで、序文にも中国語を第二言語として学ぶ外国人を主要な対象にしていることをうたっている。ともに、大辞典ではないが、わかりやすい語釈と用例が豊富なのがいい。

◈発信型の中国の英語教育

発信型のタイプでもそういうことがおこる。かつての中国の英語教育は発信型だといわれることがあるが（鈴木孝夫著『日本人はなぜ英語ができないか』岩波新書、一九九九、二八頁）、それは中国の社会主義建設の成果を世界に向かって喧伝する必要があったからである。英語文化を学ぶよりも、中国の社会主義建設のすばらしさをいかに英語圏の人々に伝えるかが重要であった。この分野を代表する辞書としては、北京外国語学院（現大学）英語学科編になる『漢英詞典』（商務印書館、一九七八）がある。総頁九七六、単字六〇〇〇余、語彙五万余で、当時としては本格的な辞書が出たという印象をもった。対象は翻訳者、通訳者、英語教師、英語学習者とあって、外国人中国語学習者のことには一言もふれられていない。内容は社会主義建設、階級闘争、軍関係の用例で満ちあふれている。そのような内容ではあったが、他に類書がなかったこともあってか、本書は日中ともに広く歓迎され長く増刷されてきた。改訂版が出たのは二〇年もあとの一九九五年のことである。長く間隔を置いただけに頁数は初版の九七六頁から約一・五倍の一四三五頁にまでふくらみ、語彙も八万余にまで増えた。改訂版では、上で述べた対象以外に、「中国語を学ぶ外国の友人たちにも参考になる」が付け加えられ、用例もニュートラルなものが中心になった。

最近では呉景栄・程鎮球主編『新時代漢英大詞典』(商務印書館、二〇〇一)、恵宇主編『新世紀漢英大詞典』(外語教学与研究出版社、二〇〇三)等二〇〇〇頁を越える大型のものも出ている。ともに収録語数では一〇万を越える。とりわけ前者は、中国語と英語が世界の言語人口の三分の一を占めるということを序文でもうたい、中国の自負を感じさせる。

◈「二度おいしい」双解辞典

英漢は、総頁三〇〇〇弱、一五万語を収める『新時代英漢大詞典』(商務印書館、二〇〇四)など大きなものも出ているが、中国人英語上級者に、より人気があるのは欧米で出ている英英辞典に中国語による注釈を加えた「双解」辞典と呼ばれるものである。とりわけ人気のあるのはオクスフォード大学出版社の *Advanced Learner's English-Chinese Dictionary* 第六版を基にした『牛津高階英漢双解詞典』(商務印書館、二〇〇四)やロングマンの *Longman Dictionary of Contemporary*

今回取りあげた英漢・漢英辞典。
右から
『漢英双解現代漢語詞典』
（外語教学与研究出版社、二〇〇二）
『漢英双解新華字典』
（商務印書館国際有限公司、二〇〇〇）
『牛津高階英漢双解詞典』
（商務印書館、二〇〇四）
『朗文当代高級英語辞典』
（外語教学与研究出版社、二〇〇五）
『新時代英漢大詞典』
（商務印書館、二〇〇四）
『新時代漢英大詞典』
（商務印書館、二〇〇一）
『新世紀漢英大詞典』
（外語教学与研究出版社、二〇〇三）
『漢英詞典』（改訂版）
（商務印書館、一九九五）
『漢英詞典』（初版）
（商務印書館、一九七八）

English の双解版『朗文当代高級英語辞典』(外語教学与研究出版社、二〇〇五)である。もとの英英辞典は版を重ねた定評のあるもので、わたしも愛用しているが、それに中国語訳がついているのである。いわば二度おいしい。「双解」は漢英でも、『現代漢語詞典』(商務印書館)二〇〇二年増補版を英訳した『漢英双解現代漢語詞典』(外語教学与研究出版社、二〇〇二)、『新華字典』(商務印書館)九八年改訂版を訳した『漢英双解新華字典』(商務印書館国際有限公司、二〇〇〇)が出ている。双解というタイプは日本でも明治期に棚橋一郎編『英和双解字典』(丸善商社、一八八六)、島田豊編『双解英和大辞典』(共益商社、一八九二)等よくみられたものだが、現在ではほとんどつくられなくなった。日本では過渡期のものという位置づけをしているのだろうか。

文法辞典

◈多い虚詞辞典

中国語の辞書の中で特徴的なものに「虚詞辞典」がある。虚詞とは実詞（名詞、動詞、形容詞等）に対し、副詞、介詞、接続詞、助詞のような機能語、ファンクションワードを言う。英語でも小西友七著『英語前置詞活用辞典』（簡約版、大修館書店、一九七七）とか、同編『英語基本形容詞・副詞辞典』（研究社出版、一九八九）があり、ドイツ語でも岩崎英二郎他共編『ドイツ語不変化詞辞典』（白水社、一九六九、新装版二〇〇八）がある。しかも、こうした辞典は日本人にとって必要であるが故に生まれたものである。欧米人自身によるものもあるのだろうか。というのは、中国語の虚詞辞典の多くは中国人のために出ているからである。今、手元にあるものをあげてみよう。

(A)呂叔湘主編『現代漢語八百詞』（商務印書館、初版一九八〇、増訂版一九九九）

(B)北京大学中文系一九五五／一九五七級語言班編『現代漢語虚詞例釈』（商務印書館、一九八二）

(C)王自強編『現代漢語虚詞用法小詞典』（上海辞書出版社、一九八四）

(D)王還主編『漢英虚詞詞典』（華語教育出版社、一九九二）

(E)曲阜師範大学本書編写組編著『現代漢語常用虚詞詞典』（浙江教育出版社、一九九二）

(F)侯学超編『現代漢語虚詞詞典』（北京大学出版社、一九九八）

(G)張斌主編『現代漢語虚詞詞典』(商務印書館、二〇〇一)

(A)は文革が終結し、四人組が倒されたあとに出たもので、当時としてはなんとすばらしいものが出たかと驚嘆したものだ。おそらくはそれまでに長い蓄積があったのだろう。実詞も一部含まれてはいるものの、大部分は虚詞である。本書はその対象を非漢語話者(中国の少数民族?)としているが、外国において中国語研究、教育に携わるものにとってもバイブル的存在となってきた。(B)の一九五五級というのは、なんと陸倹明、馬真、侯学超氏たちが入学した年で、本書はかれら学生が中心になって取り組んだものである。(F)はその編者の一人侯学超になるもので、用例、記述ともに(A)を遙かに超えるものとなっている。このうち、特に外国人学習者を対象にしていると謳っているのは(D)だけで(同時に非漢語話者も)、他の書の対象は中国人、せいぜい非漢語話者、つまり共通語を学ぶ中国人のために編まれたものなのである。

日本人のためのものを一冊あげるなら、高橋弥守彦他編著『中国語虚詞類義語用例辞典』(白帝社、一九九五)がある。

◈虚詞辞典はなぜ多いのか

中国語を実詞と虚詞に分けることは、おそくても宋のころからみられる。古来、中国人はいわゆる統語論には関心がなくても、虚詞については『助字弁略』『経伝釈詞』といった著を生み出している。現代語において虚詞辞典が多くつくられる原因の一つはこうした虚詞に対する関心の伝統の延長と言えるであろう。
しかし、文法の研究は虚詞の研究だけではない。大雑把な言い方をすれば、これに統語論の研究が加わらなければならない。その意味で、人々の関心が虚詞にのみ注がれていることははたして喜んでいいことなのかどうか。ましてや、構造言語学、初期の生成変形文法以後の欧米の文法学説に対する関心は、辞典について言う限りきわめて乏しい。

本来の文法辞典というものがないわけではない。

(H)陳高春主編『実用漢語語法大辞典』(初版職工教育出版社、一九八九年、第二版中国労働出版社、一九九五)
(I)朱一之編『現代漢語語法術語詞典』(華語教学出版社、一九九〇)
(J)董紹克・閻俊傑主編『漢語知識詞典』(警官教育出版社、一九九五)
(K)高更生他主編『現代漢語知識大詞典』(山東教育出版社、一九九九)

中国では、一九五六年に「暫定教学文法体系」がつくられ、それが長い間学校文法の基準で

『現代漢語知識大詞典』
(高更生他主編、山東教育出版社、一九九九)

あったが、一九八一年にそれを改訂するための会議がハルピンで開かれ、のちに「中学教学文法」としてまとめられた。ここにあげた文法辞典では後者までの文法用語、文法学説、有名な文法書等の解説が出ている。しかし、これらで、〝向〟〝价〟(価)とか、〝论元〟と〝题元〟(項)の違いとか、〝语法化〟(文法化)といった文法用語を引こうと思っても出てこない。

(L)*David Crystal, A Dictionary of Linguis-tics and Phonetics*, Blackwell Pub.(初版一九九七、第四版二〇〇二)

(L)の中国語版『現代語言学詞典』(沈家煊訳、商務印書館、二〇〇二年)は valency(配价、价)、marked(有标记)、unmarked(无标记)、prototype(原型、プロトタイプ)などは出てくるが、schema(スキーマ、概略)、profile(プロファイル、際だち)を中国語でなんというのかはわからない。この分野の研究の厚みはかなりあり、中国自身がこの分野の専門辞書を出してもおかしくないのだが、まだ出ていない。

なお、鳥井克之編著『中国語教学(教育・学習)文法辞典』CD−ROM版(東方書店、二〇〇五)は、一々パソコンにいれて起動させなければならない面倒さはあるが、キーワード一〇〇について、編者の長年の文法学説史を踏まえた要を得た簡潔な解説があり、中国語教師には便利である。一枚のCDで総頁数はなんと一〇〇〇頁を越える。しかし、新しい言語学の用語についてはふれられていない。なお、二〇〇八年にこのペーパー版が出た。

中中辞典の説明は難しい

◈知っている語を英英辞典で引く

磐崎弘貞『辞書力を鍛える』（DHC、二〇〇二）に英英辞典の活用法について面白いことが書いてある。英英辞典というと、昔中学くらいのときに、たしかHornbyのもの（だったか今記憶があいまいだが）を学校で購入した記憶がある。しかし、それをその後ずっと使用し続けた記憶がない。いったいあれはどこに消えてしまったのだろう。

辞書というものは、ふつうわからない語に出あったときに引くものである。だから、きっとそのころも難しいわからない語に出会ったときに引いたに違いない。ところが、わからない語をその言語で引くというのは、パズルのようなものである。かなり段階が進んだ人ならともかく、あまり語彙力がないとこの段階でたいていの人は挫折してしまう。

磐崎さんは、英英辞典は知っている語を引くのに使うといいという。ただし、注意しなければならないのは、英英辞典と言っても、ネイティブスピーカー用のものと、外国人向けのものではその内容が大きく違うことだ。たとえば、dogという語は、ネイティブ向けの辞書（たとえば*Concise Oxford dictionary*）では、

a domestic carnivorous mammal ……／家庭内の・人に飼育された・肉食の・哺乳動物

と難しそうな語が並ぶのに対し、外国人向けの辞書（たとえば *Oxford Advanced Learner's Dictionary* 第六版）では、

an animal with four legs and a tail, often kept as a pet or trained for work, for example hunting or guarding buildings.……

／四足で尻尾のある動物、しばしば、ペットとして飼われたり、狩猟や建物の見張りなどの仕事のためにトレーニングされる。

のように、上の辞書とは対照的にやさしい語が並ぶ。この解説なら、会話や英作文にすぐにでも応用できそうだ。つまり、外国人向けの英英辞典は、説明を極力やさしい語でしているのである。そこで、磐崎さんは、ある語を外国語で説明する訓練に、外国人向けに編まれた英英辞典の解説を使えと言うのである。

外国人のための英英辞典といえば、長く *Oxford Advanced Learner's Dictionary* の独占状態が続いていたが、七〇年代後半に *Longman Dictionary of Contemporary English* が出て、英英学習辞典がよりいっそう進歩したと言われる。一九八頁で紹介した英英漢（双解）辞典はちょうどこれら英英辞典に中国語訳を付したものである。

◈中国語を中国語で説明する

ある英語をやさしい英語で説明するという話を読んでいて思い出したことがある。ちょっと小

自慢になるが、一九八二年から八三年にかけ大学の派遣教員として北京に滞在していたとき、日本からの友人とそのまた友人の中国人と景山公園に遊んだ。そのとき、わたしはなにかあるものを言おうとしてその単語が出てこず、それは「丸くて……」と中国語で説明したのである。すると、それを聞いていた同行の中国人が、そのことにいたく感激してくれた。わたしは、その時ほめられたことがとてもうれしかったのか、今になっても時折思い出す。これは日本語のできない中国人の先生について学んでいる人が、語彙力を増やすのに欠かせない勉強法であるし、語学力がある段階に達したことを示すマークでもある。

しかし、これまでの自分の学習歴を振り返ってみて、中中辞典をそのように使った記憶がない。『現代漢語詞典』(商務印書館)といえば、対象は中国人である。『新華字典』(商務印書館)も同じである。そして、これらの語釈は決してやさしいとは言えない。たとえば、〝狗〟は前者(第五版)には、

哺乳动物，种类很多，嗅觉和听觉都很灵敏，舌长而薄，可散热，毛有黄、白、黑等颜色。是人类最早驯化的家畜，有的可以训练成警犬，有的用来帮助打猎，牧羊等。也叫犬。

／哺乳動物、種類は多い、臭覚と聴覚がいずれも鋭い。舌は長くて薄く、放熱する。毛は茶、白、黒などの色がある。人類が早い時期から飼い慣らした家畜であり、訓練をへて警察犬になるものもあり、また狩猟や放牧を助けたりするものもある。犬とも言う。

とあり、後者(第一〇版)には次のようにある。

一种家畜，听觉、嗅觉都很灵敏，有的善于看守门户。

／家畜の一種、聴覚、臭覚がいずれも鋭く、番犬としてたけているものもある。

言っている内容には共通点もあるが、概して使われることばが難しい。しかも、後者は小学生必携の辞書だというから驚きだ。

では、外国人を対象にした辞書では、説明を平易な中国語でするという方針がつらぬかれているのかというと、どうもそうでもない。そもそも外国人を対象にした中中辞典と言われてもすぐ思い浮かばない。最近では、ＨＳＫ（漢語水平考試）関係の辞書が数種あるが、どれもその説明は、『現代漢語詞典』の説明からさほど離れていないようにみえる。どうしてか。

◈難しかった連環画の中国語

それでまた思い出したことがある。それは小学生向けの連環画――中国語で〝小人儿书〟と言われるものである。昔、大阪の講習会（愚公会）で教えていた頃、講師仲間でこうした本をいっしょに読んで注釈と翻訳をつくったことがあったが、その中国語はどう考えてもやさしいとは言えなかった。手元に中国の小学校と中学の入試問題を集めた『題海小学語文』『題海中学語文』（ともに中国大百科全書出版社、一九九四）という問題集がある。この中の問題をみても、日本の中国語教育で教えているものとは中国語の質が格段に違う。ことばそのものが難しく、簡単に解けそうにない。つまり、中国人にとって、文字にする中国語は、話しことばと同じであってはいけないのだ。そうなると、中国語の辞書で、外国人向けの英英辞典に相当するものをさがすこと自体本来無理だということになる。

东郭先生
夜鸡叫

(3) 忽然，李玉和听到一个亲切的喊声："爹。"原来是女儿铁梅挎着竹篮，顶着凛冽的北风来了。她向爹诉说了鬼子宪兵和狗腿子加紧检查、刁难人的情况，要爹多留神。

かつての中国の連環画

日中辞典はどう使う?

◈いつ日中辞典を引くのか

この春(二〇〇六年)講談社から『講談社日中辞典』が出て、日中辞典の世界もひときわにぎやかになった。しかし、一般の中国語学習者は、日中辞典をどのように利用しているのだろうか。というのは、わたし自身、中日や中中は毎日のように引いているのに、日中となるとせいぜい年に数回しか引かないからだ。引くのは、コンタクトレンズとかブロードバンドといった特殊な単語を中国語でどういうか知りたいときくらいである。

ある学生は知らない漢字や単語のピンインを知りたいときに、日中から引くのだという。たとえば、「保健」の発音がわからないから引くと bǎojiàn とわかるというふうにである。小学館が『中日辞典』(一九九二、第二版二〇〇二)につけた逆引き情報も、その字を含む熟語のピンインを知るのに使われることが多いと聞く。辞書とは編者たちの思惑とは別の利用のされかたをするものらしい。

◈日中辞典は引いてはいけない?

中国に留学中、作文の授業(翻译课)に出ていた学生の話では、中国人の先生は日中辞典にたよってはいけないと指導していたという。これは日本の教学の現場でもよく耳にする。作文の時間に、せっせと日中辞典を引いて書いて行ったら、先生からこんな中国語はおかしい、使わないと言われたという苦情だ。

では、わたしたちは日中辞典を引かずにどうやって中国語を書けるようになれるのか。

そもそも、そういう書くという教育を受けずにきていることはさておいて、わたし自身について言えば、自分の知っていることばを総動員する。自分がどこかでみた表現、書きたい内容を含む文章をあちこちから引っ張り出し、それを加工して文章にしていく。それでも出てこない単語、言い回しがあれば日中辞典のお世話になるかも知れない。しかし、そんなときでも、むしろキーとなる単語を中日や中中、中英などの辞書で引き、そこに出ている例を最大限利用して書くのである。もちろん、そのときに日本語との違いには注意する。たとえば、〝希望〟は日本語と違って、名詞を目的語にとれないから〝希望你的帮助〟ではなく〝希望你帮助我〟と言わなくてはいけないとか、「出る」に対し「出す」は〝出(钱，书，力气)〟で言えるものもあるが、ふつうは〝拿出来〟〝掏出来〟のように他動詞＋方向補語で表すとかである。こういう修練を積んで行く中で、少しでも中国語らしい中国語が話せ、書けるようになる。

あるいは、難しい表現が出てきたとしても、それをそのまま日中辞典を引いて解決しようとせず、やさしいことばにパラフレーズする。昔、「大阪日中友好の船」の見習通訳として訪中したことがある。上海の老人ホームで通訳をしたときに「生きがい」ということばが出てきて、思わずめんくらったが、〝人为什么活着?〟〈人は何のために生きているのか〉と訳して、なんとかその場を乗り切った覚えがある。通訳は機転がきかないとできない。

◈聞いたことも見たこともない中国文はつくらない

そもそも、会話にしても作文にしても、自分がそれまで聞いたことも見たこともない中国語をつくるのは恐ろしい。外国語での作文が「借文」と言われる理由である。そして、作文なら、最後に中国人にチェックしてもらうのは言うまでもない。それにつけても思うのは、中国のホテル、レストラン、観光地の掲示、パンフレットに見掛ける奇妙な日本語の存在である(まあ、ヨーロッパの日本料理店でも似たりよったりだが)。中国人は自分が書いた日本語が人目に晒しても恥ずかしくないほど完璧だと思っているのだろうか。まさか、周りにチェックしてくれる人がいないわけでもあるまい。私などは、学生が作ってきた作文を直すときでも、最終的には中国人の先生にチェックしてもらう。どんなにうまく中国語が話せ書ける人でもネイティブの中国人にはなりきれないのだから。

◈日中辞典は日本語脳で中国語世界を拡充する

では、日中辞典はまったく無用のものなのか。これに関し最近面白い経験をした。身体名詞についで調べていたとき、次のような例に出会ったのである。

她动不动就坐在我的腿上。/娘はなにかというとすぐにわたしの膝の上にのってくる。

この〝腿〟は日本語にすると足ではなく膝である。ところが、中日で〝腿〟に「膝」までの訳を与えているものはまれだ。しかし、日中で「膝」を引くと〝腿〟も出てくる。これなど面白い例で、〝腿〟の方から見ているとなかなか見えないものが、日本語を通してみると見えてくるというわけである。もう一つ例をあげよう。例えば、日本語の「結婚式に出席する」を中国語でどう言うか。まず「結婚式」は日中で引くと〝婚礼〟と出ていて、〝结婚式〟とは言わないということがわかる。〝开幕式〟〝毕业式〟とは言うのに〝结婚式〟と言わないのは、日本語と中国語の〝式〟の造語力が違うからである。それに「結婚式をあげる」も〝举行婚礼〟や〝办喜事〟と出ている。ただ、「結婚式に出席する」は、どうも〝出席〟よりも〝参加婚礼〟と言う方が自然のようだが、これについては案外あげていない。こんなふうに、日中辞典は、日本語脳で中国語世界を拡充するのに役立つ。

さらに、日中辞典を引くときの注意点としては、いくつもあがっている語、表現間の意味、用法の違い、文体的な違いに神経を配らないといけない。日中辞典の例を写して行って、中国人の先生におかしいと言われる原因の一つは、類義語間の文体の差についての知識がないことにある。たとえば〝出席〟は日本語では日常語だが、中国語では重々しい感じがするというような情報はほしい。日中辞典を充分に使いこなすためには、実はそこに提示された複数の中国語を使い分けられるだけの中国語の力が必要になってくるのである。あるいは、日中辞典は、類義語・類義表現を提示するだけでなく、その違いについても注記する必要がある。

規範と記述

◈大量の「規範」を冠した辞書の出現

九〇年代の初めごろから「規範」を冠した書物、辞書をよく目にするようになった。たとえば、

『規範字詞』（北京教育出版社、一九九二）
『漢字写法規範字典』（上海辞書出版社、一九九二）
『現代漢語規範字典』（語文出版社、一九九八）
『現代漢語成語規範詞典』（長春出版社、二〇〇〇）
『現代漢語歇後語規範詞典』（同、二〇〇〇）
『現代漢語諺語規範詞典』（同、二〇〇二）
『現代漢語慣用語規範詞典』（同、二〇〇二）

等々枚挙にいとまがない。しかも、その大半が李行健主編というから驚きだ。そうこうしているうちに、とうとう李行健主編『現代漢語規範詞典』（二〇〇四）が外語教学与研究出版社・語文出版社から出版された。

◈辞書の規範性と記述性

辞書を使う人の立場に立てば、辞書というものは依拠すべき対象であり、ある種の規範であってほしいと思うのは自然なことである。日本語の世界において『広辞苑』(岩波書店)がそうであることは、しばしば「広辞苑には……」と引用されることからもわかる。とりわけ電子辞書界における寡占状態は、この傾向をいっそう推し進めるであろう。『広辞苑』の入った電子辞書しか引かない人にとって、辞書＝『広辞苑』ということになりはしまいか。

辞書は人々にとって規範であると同時に、また現実を記述するものである。『新明解国語辞典』(三省堂)や『明鏡国語辞典』(大修館書店)はその代表と言っていいだろう。これらの辞書では、現実の一見破格にみえる用法をいかに処理するかということに苦心している。しかも、『新明解』はその解釈の独特さからメディアでひっぱりだこで、その語釈をネタに『新解さんの謎』(赤瀬川原平、文藝春秋、一九九六)とか『新解さんの読み方』(鈴木マキコ、リトル・モア、一九九八)、『新解さんリターンズ』(夏石鈴子、角川書店、二〇〇五)といった本まで現れた。後者も『問題な日本語』(北原保雄、大修館書店、二〇〇四)、『問題な日本語続弾!』(同、二〇〇五)が出て話題になった。辞書の語釈がこれほど人々の身近な話題になったことはこれまでなかったのではないか。

◈『現代漢語規範詞典』

人は「規範」ということばをみれば、これが頼るべき辞書であると思うだろう。わたしも中国の書店で「規範〜」といった本が並んでいるのをみると、つい手が出そうになる。しかし、「規範」を冠した辞書で持っているのは『現代漢語規範詞典』（以下『規範』）くらいである。それは、「規範」ということばを見るだけで、権威を借りた辞書という印象を持つからである。もちろん、辞書には規範の側面がなければならない。しかし、われのみが正しいのだといわんばかりの辞書には、逆に本当にそうなのかと疑問を呈したくなる。

もともと中国語の辞書界において規範たるべき辞書がなかったわけではない。「規範」という名こそ冠してはいないが、中国語を学び教え研究するものにとって『現代漢語詞典』（商務印書館、以下『現漢』）は「規範」であり続けてきた。それは『現漢』が一九七八年の公刊以来、何度も改訂をへ、それを通じて、人々の信頼を得てきているからである。

『規範』は、主席顧問（?）に呂叔湘、李栄、許嘉璐といった名前が並んでいる。呂叔湘や李栄は初期の『現漢』の主編でもある。昔と違い、辞書の編集は一人の天才の力にだけ頼って行われるものではない。だから、同じ編者の辞書が書店にいくつも並ぶことも珍しくない。しかし、呂叔湘などは早くに『現漢』の主編の地位から降りている以上、『規範』において中心的な役割を果たしたとはとても思えない。実際、主編は李行健である。わたしはこの辞書の背を見て、名状しがたい違和感を覚えたのである。

◈「規範」をめぐる論争

そんな印象があったのか、この辞書のファンもいる一方、わたしはこの辞書のあまりよい引き手ではなかった。そんなある日、これまでのもやもやを一気に吹き飛ばすような本――『拯救辞書』（学林出版社、二〇〇四）が出版された。

本書は、『規範』が出たあと、この辞書をめぐって展開された論争（というより大半は批判）を集めたものである。編者の前書きによれば、この論争は単に『規範』を批判するだけでなく、後続辞書編集の姿勢を問うものでもあった。編者が最後に、辞書の優劣は使用者が決めるものであり、国家権力がそこに介入しないでほしいと言っているのは「規範」論争の大きな教訓であろう。

◈小学館『中日辞典』

規範と記述という点で、わたしが共感を覚えるのは小学館『中日辞典』（一九九二、第二版二〇〇三）の姿勢である。この辞書は、規範を示しながらも現実にはこういう発音があるということを示

（上）『現代漢語規範詞典』（李行健主編、外語教学与研究出版社・語文出版社、二〇〇四）
（下）『拯救辞書』（邢東田編、学林出版社、二〇〇四）

す。たとえば、〝主意〟〝一会儿〟などは規範として辞書には zhǔyi,yíhuìr とあるが、「北方では zhúyi,yìhuǐr とも発音する」と注記する。こう書いてあれば学習者は耳にする音が決して現実に存在しない音ではないと知って安心する。〝生日〟などはこれまで shēng・ri だったものが、『現漢』第五版では shēng・rì（ふつうは軽声だが四声にも発音される）と、現実の音が認められた（『規範』は shēngrì のみ）。そもそも、中国人の先生でも、こうした慣用音で発音する人が少なくないから、少し耳のいい学習者なら、その違いに気付き悩むことになる。このことからも、『現漢』は規範辞典ではあるが、現実に対しても柔軟な姿勢をとっていることがわかる。

短語解析詞典の出版

◈「短語」の内容とは

二〇〇九年の二月、二年ぶりに上海へ行ってきた。最近、語学関係の本は北京で、しかも海淀にある海淵閣書店でまず大量に買って送ってもらうという方針をとっている。だから、上海ではもっぱら古書に目がいく。しかし、最近では上海の古書も底をついてきてほとんど食指が動かない。新刊はあまり目がいかないのだが、福州路の、人の少なくおちついて本を選ぶことのできる古籍書店でたまたま目にしたのが李臨定と許小穎の編著になる『現代漢語短語解析詞典』（商務印書館、二〇〇八）である。「短語」は「語よりも大きく、文よりも小さな文構成予備言語単位」（〝大于词而小于句的造句备用单位〟――本書）で、日本語で言えば、連語あるいはフレーズ（句）に相当する。

〝造句备用单位〟というのは、呂叔湘や朱徳熙が唱えるもので、連語はそのまま文になることもあるが、連語そのものは、文に昇華する前の素材というとらえ方である。レベルが異なるのである。

許氏については知らないが、李氏は『現代漢語動詞』（中国社会科学出版社、一九九〇）という本を出し、動詞と目的語のさまざまなパターンを論じている。それで、本書も動詞と目的語との関係を軸にした本ではないかと思ったのだが、めくっていくうちに、最初想像したものとは全然違うということに気がついた。つまり、本書には、〝编草帽儿〟（草わら帽を編む）、〝查生词〟（新出単語を調べる〕のような、「動詞＋目的語」の「短語」だけでなく、〝熬夜〟〔徹夜する〕、〝插嘴〟〔口をはさむ〕、〝乗凉〟〔涼む〕、〝吃苦〟〔苦しい思いをする〕、〝洗澡〟〔フロにはいる、シャワーを浴びる〕のようないわゆる離合詞、〝比～还～〟〔～よりも～〕、〝别是～吧〟〔ひょっとして～ではないか〕、〝不是～吗〟〔～ではないか〕のような固定連語、〝V出来〟〝V到〟のような動詞＋補語構造、〝什么人〟〔どんな人〕、〝什么地方〟〔どんなところ〕、〝什么时候〟〔いつ〕のような修飾構造のもの、〝从～〟〝对～〟等の介詞連語、〝差不多的～〟〔たいていの～〕のような〝的〟字連語、〝吃耳光〟〔びんたをくらう〕、〝够朋友〟〔友だちがいがある〕等慣用句と言われるものまで、「雑多」なものが入っていたのである。

たしかに中国の「短語」の定義から言えば、こうしたものも「短語」ではある。しかし、そもそも、「短語」が単語どうしの自由な結合であるとするなら、それは『搭配詞典』の管轄内になる。一冊の辞書にどれほどスペースがあったとしても、そのすべてを記述することはできない。したがって、本書が「短語」の中でも、かなり固定された結合のものを集めたのも仕方のないことかも知れない。

◈日本の連語論と中国の連語論

わたしはかつて、『国文学　解釈と鑑賞』〔至文堂、二〇〇五・七〕の「特集　連語研究の新段階」に「中国語学からみた連語論」という一文を寄せたことがある。

そのとき、わたしが当惑したのは日本の奥田靖雄氏を中心とする言語学研究会の連語研究と中国の連語研究の差の大きさである。今回、本書を手にし、めくっていくうちにかつて感じた記憶がよみがえってきた。

◈**動詞＋目的語構造**

「短語」の中で、動詞＋目的語構造の連語（動目連語）はわたしにはもっとも興味がある。その動目連語の中心は「対象に対する働きかけ」である。その中を奥田靖雄氏の分類を踏まえ分けるとつぎのようになる。

【もようがえ】开门（ドアを開ける）／切菜（野菜を切る）
【とりつけ】戴帽子（帽子をかぶる）／安电话（電話をとりつける）
【とりはずし】摘眼镜（メガネをはずす）／割麦子（麦を刈る）
【うつしかえ】搬桌子（テーブルを運ぶ）／送信（手紙をとどける）

『現代漢語短語解析詞典』（李臨定・許小穎編著、商務印書館、二〇〇八）

【ふれあい】按电铃〔ベルを押す〕／擦玻璃〔窓をみがく〕
【結果】盖房子〔家を建てる〕／烧开水〔お湯をわかす〕

一つの動詞がいくつかのタイプをとる場合、この「対象への働きかけ」はその中で基本的なものと言える。しかし、本書の動目連語を拾っていくと、本書で項目として取り上げる動目連語は、「結果」、「道具」等派生的なものばかりである。本書ではこれを〝非语义延伸搭配〟（目的語が動詞の意味の及ぼす直接の対象でない組合わせ）と呼ぶ。以下、［　］の中は、その動詞にとって、働きかけの対象となるもので、これを本書では〝语义延伸搭配〟と呼んでいるが、すべての動詞についてこの注記があるわけではない。［　］は注記があるもの。

【結果】

包包子〔パオツを包む〕［～馅儿――餡を包む］
编草帽儿〔麦わら帽を編む〕
擦萝卜丝儿〔大根おろしを（すって）つくる〕［～萝卜――大根をする］
炒糖醋肉片〔甘酢肉炒めをつくる〕［～肉・白菜――肉・白菜を炒める］
剪小鸟儿〔（紙で）小鳥を切る〕［～纸・布――紙・布を切る］
染红颜色〔赤色に染める〕
考九〇分〔（試験で）九〇点を取る〕［～数学・物理――数学・物理を受ける］

【方式】

卖高价〔高い値で売る〕〔～衣服――服を売る〕

寄挂号〔書留で送る〕〔～信・包裹――手紙・小包を送る〕

写草书〔草書で書く〕

【道具】

补旧布〔ぼろ布を当てる〕〔～衣服――服をつくろう〕

盛大碗〔丼にいれる〕〔～面条――うどんをいれる〕

缝黑线〔黒い糸で縫う〕〔～被子――掛け布団を縫う〕

写毛笔〔筆で書く〕

锁锁〔カギをかける〕〔～门・柜子――ドア・タンスにカギをかける〕

その他、

偷仓库〔倉庫から盗む〕〔～彩电・钱――カラーテレビ・お金を盗む〕

は「場所」、

读大学〔大学で学ぶ〕

も「場所」だが制約があるという。

演诸葛亮〔諸葛亮を演じる〕〔～戏――芝居を演じる〕

は「役割」、

后悔离婚〔離婚を悔やむ〕は「因果関係」、

问邮局・～问事处〔郵便局・お尋ね所に尋ねる〕は本来〝邮局的人〟だが、それが略化したものだという。また、

查生词・～人名〔新出単語・人名を調べる〕は、これを「目的」とするが、「対象」ではいけないのだろうか。また、

看沟・～下边・～摔着〔溝に・下に・ころばないよう気をつけて〕は、「注意喚起」タイプとする。本書はこんなふうに、特殊な、あるいは固定した連語の本だと思って読むと有益だ。

図解辞典（その1）

◈『北京風俗図譜』

外国語を勉強していると、ことばは知っているのに、それがどんなものかわからないというものがいくらでもある。そんなとき便利なのは図解による辞典である。昔中国語を学び始めたころ、小説を読んでいてわからないときよく見たのは青木正児編・内田道夫解説『北京風俗図譜』（平凡社東洋文庫、一九六四）や王羽儀画『燕京風俗』（東方書店、一九八三）である。

◈新中国での図解辞典

新中国になってからは一九八二年にようやく『実用漢語図解詞典』（外語教学与研究出版社）が出ている。外国の図解辞典ではドイツのＤＵＤＥＮが有名で、中国でも『牛津―杜登　英漢図解詞典』（軽工業出版社、一九八八）、『杜登　日漢図解辞典』（中国国際広播出版社、一九九〇）などの翻訳が出た。

しかし、外国製の図解辞典では中国的な雰囲気が描けず、どうしても隔靴掻痒の感がある。そこで生まれたのが輿水優・大川完三郎・佐藤富士雄・依藤醇氏らによる『中国語図解辞典』（大修館書店、一九九二、以下『中国語図解』）である。本書の登場は画期的なもので、後に香港で、英中対訳版が出た。この辞典についてはこれまで何度も触れてきたが、わたしはこれを、その物がどんなものか知る上で使うのはもちろん、中国人がこの世界をどのように語彙化するかという資料として利用してきた。靴や時計はその一例だが、ほかにも、日本語ではカギというものを英語ではkey／lockと分けるが、この分類は中国語にもあって、keyは〝钥匙〟、lockは〝锁〟という。南京錠は全体がカギだから〝挂锁〟といい〝锁〟の仲間、それを開ける小さなカギが〝钥匙〟だということもわかる。

二〇〇五年に外語教学与研究出版社がカナダの *The Compact Visual Dictionary* をもとに『高級英漢百科図解詞典』を出した。オールカラーで一〇〇〇頁、高級感あふれる本で、絵も立派ではあるが、残念ながら中国的な香りがしない。

◈『漢語図解詞典』の出版

二〇〇八年一〇月に呉月梅主編の『漢語図解詞典』（商務印書館、以下『漢語図解』）が出た。本書は索引を含め三五〇頁のオールカラーで、図は写真と絵を織り交ぜたものである。

その中は〝常识〟（常識）、〝个人信息〟（個人情報）、〝家庭〟、〝学校〟、〝工作〟（職業）、〝逛街〟（街をぶらつく）、〝餐饮〟（飲食）、〝医院〟（病院）、〝邮局、银行和公安局〟（郵便局・銀行・警察）、〝交通旅游〟（交通・旅行）、〝娱乐休闲〟（娯楽・レジャー）、〝行为与情感〟（行動と感情）、〝天气季节〟（天気・季節）、〝艺术、体育和军事〟（芸術・スポーツ・軍事）、〝世界〟の一五の分野に分類される。本書は孔子学院本部（国家漢弁）言い換えれば中国の対外漢語教育のセンターが全面的にバックアップしたもので、なみなみならぬ力の入れようを感じる。

◈図解辞典で解決できるモノ

そもそも、図解辞典というのは、モノについては大きな効果を発揮する。百言を費やすより、そのものを見せた方がてっとりばやいことは多い。たとえば、〝油条〟〝油饼〟は「揚げパン」と言うより図や写真を見せた方が理解ははやい。日本にないような果物や野菜も図を出せばわかる。〝包子〟〝馒头〟〝花卷儿〟〝烧饼〟なども図を出せばわかるが、中身（餡）があるものは、『中国語図解』のように中を割った図もあるとよい。

『漢語図解詞典』（呉月梅主編、商務印書館、二〇〇八）

同書より
〝米、面〟（米、麪）

◈『中国語図解』と『漢語図解』

『中国語図解』と『漢語図解』を比べてみるといろいろ違いに気づく。たとえば、『中国語図解』では「7 鞋、靴子」としてクツに関わる図を六六もあげている(三五頁参照)。だからこそ、わたしたちがクツというものを中国人はどこで〝鞋〟と〝靴子〟に分けるのかという問答ができるし、語彙論の資料にもなる。ところが、『漢語図解』では、〝靴子〟(ブーツ)、〝凉鞋〟(サンダル)、〝高跟鞋〟(ハイヒール)は〝百货大楼〟(デパート)、〝旅游鞋〟(スニーカー)は〝郊游〟(ハイキング)、〝拖鞋〟(スリッパ)は〝卧室〟(寝室)というふうに、それを目にすることの多い場面で分類する。時計の〝闹钟〟(目覚まし時計)は〝卧室〟、〝挂钟〟(掛け時計)は〝客厅〟(客間)、〝手表〟(腕時計)は〝百货大楼〟という具合にである。

また、全体的にみて『漢語図解』は表向きの顔が強い。たとえば「ブラジャー」は〝服装店〟で〝内衣〟と呼ばれているだけで、〝乳罩〟〝文胸〟といったことばもない。「パンツ」もない。『中国語図解』では一頁使って二一もの〝内衣〟(下着)をあげているのにである。〝开裆裤〟(股割れズボン)もない。したがって『漢語図解』が出たからといって『中国語図解』の価値が下がったわけではない。『漢語図解』にない図、構想が『中国語図解』にはたくさんあるからである。

◈動詞や形容詞も図で描く?

『漢語図解』の大きな特徴は、動詞フレーズや形容詞も絵で描こうとしている点である。しかし、モノはともかく動作や形容詞を図で描くことははたしてどれほど可能なのか。たとえば、「性格」を表す形容詞のうち、〝犹豫〟〔優柔不断〕はカバンを二つ取ってどちらを買おうか迷っている図、〝任性〟はきままそうな女をなだめる男の図。これはまだいい。しかし、〝开朗〟〔明るい〕は飛び跳ねている女性の図、〝乐观〟〔楽観的だ〕は病気で入院しているが、明るい顔をみせている青年の図を描く。「味」も〝苦〟〔苦い〕、〝辣〟〔辛い〕、〝酸〟〔酸っぱい〕、〝甜〟〔甘い〕を描き分けるのは難しい。動作は小学館『中日辞典』（一九九二、第二版二〇〇三）が試みているように、図を出したほうがわかりやすい動詞はたしかにある。しかし、その場合でも図を出すだけでなく解説が必要だ。そうでなければ読者は勝手な解釈をしてしまう。これは動詞フレーズとは言えないが、〝婚外恋〟〔浮気〕の図は「カラオケ」に興じる男女にしか見えない。

『漢語図解詞典』より
〝婚外恋〟〔浮気〕

図解辞典（その2）

◈『漢語図解詞典』の出版

前回、いくつか図解辞典を紹介したあと、日本の『中国語図解辞典』（大修館書店、一九九二、以下『中国語図解』）と中国の『漢語図解詞典』（商務印書館、二〇〇八、以下『漢語図解』）の比較をした。『漢語図解』は中国の対外漢語センターに当たるところが力を入れてつくったものだが、日本の『中国語図解』とはコンセプトが違っていて、『漢語図解』が出ても『中国語図解』の価値は減らないということを強調した。

また、図解辞典はモノはともかく、動詞や形容詞を描くのには必ずしも適さないということも書いた。たしかに、〝推〟〈押す〉や〝拉〟〈引く〉ならまだ描きやすい。『漢語図解』では台車に載せた荷物を押す人と引っ張る人を描く。しかし、〈动作〉にあげる〝弯腰〟〈腰を曲げる〉は、「紙を拾おうとしている場面」で、〝捡〟〈拾う〉の図にも見える。

◈メッセージの誤読

それはともかく、前回の最後に『漢語図解』を皮肉って、「〝婚外恋〟〈浮気〉の図は「カラオケ」に興じる男女にしか見えない」と書いた。ところが、前号が出た直後に読者から投書がきた。投書子によれば、中国人は、不倫というとカラオケに行く場面を連想する人が多いのだそうだ。日本にいる中国人が中国にいる妻のことをたずねて書く手紙には「オレの妻は浮気してないか」という意味でよく「あいつはカラオケに行ってないか」と書くし、家族からも「あなたの奥さんがカラオケに行くのを見たよ」といった手紙が来るのだそうだ。つまり、あの場面は中国人が〝婚外恋〟から受けるイメージを代表したものだったのである。

ところが、前回わたしはそうしたメッセージを読み取れず、逆に『漢語図解』をちゃかしてしまったのである。まったく汗顔のいたりである。

そもそも、ある図があっても、そこからなんらかのメッセージを読み取れるかどうかは中国の社会をどのくらい知っているかどうかと関係する。たとえば、〝跪〟（二二九頁）は日本流に描けば胸を張った「正座」スタイルになろうが、中国人が描けば首うなだれた「罪人のスタイル」である。だから、外国人用の図解辞典にはやはり解説もほしい。

◈『漢語図解』の〝婚姻〟を読む

そこで、あらためて『漢語図解』を読み直してみた。いろいろ取り上げたいことはあるが、たとえば〝婚外恋〟が出ていた〝婚姻〟（四六—四七頁）を見てみよう。ここには計三一のことばと二七枚の図があがっている。(1)は〝找女朋友〟。バーが舞台である。この場合男が女の子を求めている。女の子が男を求めることもあるだろうが、男から行くのがこの社会ではふつうだと読める。(2)は

〝征婚〟で、男性が新聞の結婚求人欄を見ている場面だ。新聞の〝征婚〟欄を卒論のテーマにする学生もいるくらいで、これも中国の社会を反映しているといえる。願わくばその新聞の記事が拡大してあるといいのだが。(3)は〝媒人〟。「仲人」だが、どちらといえば紹介者で、年上の女性が男性にある女性の写真かなにかを(4)〝介绍〟している。(5)はその〝媒人〟がさきほどの男性に女性を引き合わせている場面(〝相亲〟)。(6)は〝约会〟。デートの場面だが、男性が喫茶店でコーヒーを飲みながら女性を待っている。男性が待つのが基本ということか。(7)は〝谈恋爱〟(交際中)。二人が公園のベンチで腕をからませながら愛を語っているシーンである。デートのプロトタイプは公園であろうが、これはやや古典的なような気もする。(8)は〝拜见父母〟。親に引き合わせるのだが、この場合女性が男性を自分の親に引き合わせている。(9)は〝订婚〟(婚約)。出てくるのは双方の両親と若いカップルで、大きなケーキを前に男が女に指輪を贈っている。

婚約のあとになにが来るか。日本でも家探しがあるが、今の中国だと結婚の条件の一つはマイホームの購入である。それで、(10)は〝买房子〟。日本でも地域によっては家を建ててから嫁取りをする。中国はこれが一般化し、結婚後も借金地獄がつづくから、無理をして家を購入するなという呼びかけがあるほどだ。これにつづく絵(11)も中国的だ。中国では、買った家に自ら〝装修〟「内装」を施さなくてはいけない。これが大仕事なのである。つづいて(12)〝布置新房〟(部屋の配置)、さらに(13)〝登记结婚〟(結婚届を出)し、(14)「挙式」〝举办婚礼〟となる(以下番号略)。二人は〝度蜜月〟(ハネムーン)を送ったあと、結婚一年後の記念日を祝う(庆祝周年)。やがて〝怀孕〟(妊娠)、〝生孩子〞〔子供の誕生〕を経て〝三口之家〞〔三人家族〕となる。子どもはもちろん〝独生子女〞〔一人っ子〕で、その〝成长〞〔成長〕が描かれる。「子どもの誕生」は両親〔男性側〕からすれば〝抱孙子〞〔孫の誕生〕となる。しかし、なかには〝吵架〞〔けんか〕が絶えず、男性はカラオケで浮気をするものも出てくる〔婚外恋〕。浮気で行くのはカラオケというわけである。そして〝离婚〞〔離婚〕。シングル家庭〔単亲家庭〕になるのだが、描かれているのはシングルファーザーの家庭で、子どもの誕生日を父子二人で祝う。やがて〝再婚〞するが、相手も連れ子があり、二人は〝继母〞〝继父〞〔継母・継父〕となるというストーリーである。

『漢語図解詞典』〔呉月梅主編、商務印書館、二〇〇八〕より
〝征婚〞〔結婚相手を探す〕

交友恋爱

都市白领纯净交友恋爱
苏西黄白领会所55968603

婚介

个人征婚13825478886
本人男47岁丧诚实忠厚生意人经济稳定人生孤独渴望真情诚寻善良朴实女士相伴百年可带孩本人亲谈

43岁经商女离本人感情专一气质佳脾气好房车全觅不贪不骗愿来我方发展男为伴有缘可助发展有孩佳13242953660

天地情人间爱渴望女33岁离因夫生理原因虽分得庞大家产但无法满足内心空虚觅交友男13761942508

女32岁未婚出生家族企业独苗本人电信部门管理年薪丰稳备婚房觅忠厚品正的先生18918171092

白衣天使女71年离有一女气质佳妇产科主任独居2/1厅觅有责任感重情男士相伴珍惜13761848015

新聞の結婚求人欄『東方早報』より

図解辞典（その3）

❖〝居家生活〟

今回も引き続き『漢語図解詞典』（呉月梅主編、商務印書館、二〇〇八）を読んでみたい。〝居家生活〟につけられた英語は Family life である。「家庭での一日」とでも言うべきか。ここには三〇の絵と中国語があがっている。まず、〝回家〟（帰宅）、〝脱衣服〟（服を脱ぐ）。ここでの〝衣服〟はコートである。つづいて〝换鞋〟（靴を履き替える）。中国でも近年マイホームを持つようになると、家の中を汚したくないので、玄関で上履きに履き替える。つぎは〝上厕所〟（トイレに行く）。男がトイレットペーパーを手にしてトイレに駆け込んでいく図である。備え付けになっていないわけではないと思うのだが。〝洗手〟（手を洗う）のあと〝吃晩饭〟（夕食）。食事の前には手を洗うということか。夕食は妻とともにとる。おかずが三品、スープが一であるが、ここで興味を引くのはスープ用のお椀も、おかずをとる小皿もないことである。親しい中国人の家庭に招かれて驚くのは、小皿がなかったりすることである。スープ椀はだいたい出してくれるが、中国流にいくと、スープはめいめいがスプーンですくって飲むもので、スープ椀があるわけでもない。しかも、中国料理におけるスープは最後に飲むから、お椀は一つあれば足りるということになる。

食後は〝休息〟で、〝读报纸〟（新聞を読む）、〝看电视〟（テレビを見る）、〝听音乐〟（音楽を聞く）、

〝玩游戏〟〔ゲームをする〕などして過ごす。すべて〝睡衣〟〔パジャマ〕姿である。外着と寝間着の間の服はないのだろうか。

そのあと〝洗澡〟（湯船に入る図）、〝淋浴〟〔シャワー〕、〝泡澡〟〔湯船につかる〕の図がある。最後の図は、中国でも〝泡澡〟が普及してきているということだろうか。わたしの大学に研修で来ている先生方に、日本で風呂はどうやって入っているのかと聞くと、シャワーだけだと言う。湯船に浸かった方が気持ちがいいのにと言うと、これはだれかが使ったものだから、いくらきれいに洗ってあっても不潔でいやだと言う。井上章一氏は『パンツがみえる。』（朝日新聞社、二〇〇二）で、中国人との羞恥心の比較文化にふれている。潔癖感にも文化による違いがあると言うべきだろう。

6

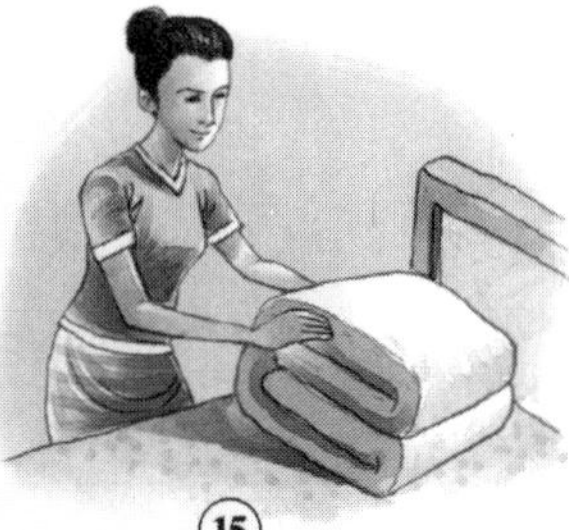

15

『漢語図解詞典』
（呉月梅主編、商務印書館、二〇〇八）より
（上）〝吃晩饭〟〔夕食〕
（下）〝叠被子〟〔ふとんをたたむ〕

〝睡觉〟〔就寝〕のあと翌朝の〝起床〟となるが、時計は六時を指している。これが平均的中国人の起床時間か。そのあと〝刷牙〟〔歯をみがく〕、〝洗脸〟〔顔を洗う〕、〝梳头〟〔髪をとかす〕、〝刮胡子〟〔ひげを剃る〕が並んでいるが、この順序は決まったものではあるまい。〝吃早饭〟〔朝食〕では〝粥，油条，饼，榨菜〟らしきものが並んでいる。やがて〝穿鞋〟〔靴をはく〕、〝戴帽子〟〔帽子をかぶる〕、〝拿包〟〔カバンを持つ〕、〝出门〟〔出かける〕。

◈〝家务琐事〟

〝家务琐事〟は要するに「家事」である。家事は特に日本とも変わりがないように見える。〝洗〟〝晾〟〝熨〟〝挂〟は動詞だけを並べてあるが、どれも目的語は〝衣服〟で、「洗って、干して、アイロンをかけ、タンスの中にかける」の順である。これに〝钉钮扣〟「ボタン付け」が加わる。面白いのは〝晾〟で、ロープを二本わたして干している。ダイナミックな干し方である。アパートやマンションでこんな干し方ができる場所があるのだろうか。「ボタン付け」は「釘を打つ」と同じ動詞である。そして、〝买菜〟〝做饭〟〔買い物と食事の準備〕。こういう買い物は〝买东西〟でなく〝买菜〟だ。〝烧水〟〔お湯をわかす〕はここに出すしかないのだろう。〝洗碗〟〔食器洗い〕は少し気になる。というのは、中国では一般に洗った後拭かず、自然乾燥にまかせることが多いからだ。シンクに水をためてやっているのは水の節約のためだろうが、これは洗剤で食器を洗っている場面なのか、すすいでいる場面なのか。左横には皿が数枚積み重ねられている。つづいて床の掃除は〝扫地〟

〝拖地〟に分かれる。後者はモップを用いての床ふきである。つづいて〝擦玻璃〟〈窓ふき〉。寝床はもちろんベッドで、〝换床单〟〈シーツ換え〉をし、〝铺床〟〈ベッドメイキング〉をする。

次の動作は翌朝。〝叠被子〟はかけ布団をたたむのだが、これが小学館『中日辞典』〈一九九二、第二版二〇〇三〉の〝被子〟のところにあるようなたたみ方である。ふとんをたたんだら今度はまた「掃除」。さきほどのは箒を使った〝扫地〟だが、今度は掃除機なので〝吸尘〟〈ホコリを吸いとる〉。トイレの便器の掃除は〝刷马桶〟。便器は〝马桶〟。おまると同じ名称である。動詞に〝刷〟を使うのはブラシを使っているからである。箒で掃いたゴミをゴミ箱にすてるのは〝倒垃圾〟。ちりとりを傾けるから〝倒〟はわかる。実際はゴミ出しも〝倒垃圾〟というのだが、これは〝扔垃圾〟〈ゴキをすてる〉と言って区別している。「ちりはたき」は〝除尘〟。「花に水をやる」は〝浇花〟。〝喂狗〟〈犬にえさをやる〉は今中国で犬を飼うのが流行していることを物語る。面白いのは、それまでの家事はずっと女性がやってきたのが〝换灯泡〟〈電球替え〉、〝修自行车〟〈自転車修理〉になると男が登場する。この二つ以外は女性の仕事ということなのだろうか。あと〝交水电费〟〈水光熱費を払う〉というのがある。自動振り込みもあるようだが、これはおそらく銀行の窓口まで出かけている。そして最後は〝搬家〟〈引越し〉。図がすべて中国人の生活の典型であるどうかも疑問だが、わたしたち外国人がそのメッセージを読みとれているかどうかも怪しい。やはり注釈がほしい。

Ⅳ

中国語辞書の用例を読む

〝漂亮〟と〝丑〟

あまり大きな声では言えないが、一人でテキストを編集すると、時にこっそり自分の誕生日を本文に入れたり、自分が日頃よく耳にしたり、口にするセリフを例文に入れたりして、悦にいることがある。

辞書が個人でつくられた時代にはそういうこともあったようで、英語辞書ではサミュエル・ジョンソンの語釈がよく話題になる。たとえばoat（からす麦）は「イングランドでは一般に馬に与えられるが、スコットランドでは人を養う」といったものだ（加島祥造『英語の辞書の話』講談社、一九八五）。しかし、最近は辞書も一人でつくる時代ではなくなって、そういうわがままも利かなくなってきた。

◈美醜を表すことば

それでも、時に「えっ」と思うような例にぶつかることがある。たとえば〝漂亮〟〈美しい〉とか

〝丑〟〈醜い〉といった人の美醜を表すことばは、陰でこそ話題にしても、人前で口にしたり辞書の用例としてはあげにくい。ところが中国の辞書をみるとこれがけっこう大胆にあげてあるのである。たとえば、『漢語常用詞用法詞典』（北京大学出版社、一九九七。以下『常用詞』）にはいきなり、

他的妻子真漂亮。／かれの奥さんはとてもきれいだ。

她妈妈漂亮着呢。／彼女のお母さんはきれいなんだよ。

という例が出てくる。私の体験では、中国人はけっこう人の美醜を話題にする。しかも、「誰それは誰それよりきれいだ」といった比較つきで。

ふつう、〝漂亮〟をあげる場合でも、人の例は一つくらいにして、服装とか建物、モノについてバランスよく例をあげるものだ。たとえば、『現代漢語詞典』（第五版、商務印書館、二〇〇五、以下『現漢』）は、

她长得漂亮。／彼女は（顔が）きれいだ。

衣服漂亮。／服がきれいだ。

节日里，孩子们打扮得漂漂亮亮的。／祝日に子供たちはきれいに着飾っている。

のように抑制がきいている。

『漢英双解詞典』（北京語言文化大学出版社、一九九七。以下『漢英双解』）でも、

这姑娘长得很漂亮。／この娘さんはとてもきれいだ。

报幕员穿一套漂亮的服装。／ＭＣはきれいな衣装に身を包んでいる。

のように控えめだ。『常用詞』にももちろん同じような例がある。

现在的校园更漂亮了。／今のキャンパスはずっときれいになった。

你怎么打扮，也漂亮不起来。／君は、いくら着飾ってもきれいにはなれないよ。

那套漂亮的衣服多少钱？／あの（上下の）きれいな服はいくらですか。

刘明买了一套漂亮的家具。／リウミンはきれいな家具を一式買った。

新房布置得够漂亮的。／新居のしつらえはなんてきれいなんだ。

姐姐打扮得非常漂亮。／姉の着こなしはとてもきれいだ。

しかし、『常用詞』で、人を形容する例はまだある。

妹妹比小时候漂亮多了。／妹は幼い頃よりもずいぶんきれいになった。

漂亮的姑娘我们这儿多的是。／きれいな女の子は我々のところにはたくさんいる。

女儿长漂亮了。／娘はきれいになった。

ほかの辞書ではどうだろう。外国人のための辞書の一つ、『当代漢語学習詞典』（北京語言大学出版社、二〇〇五。以下、『当代』）には、

这辆车真漂亮。／この車は本当にきれいだ。

你的房子真漂亮。／君の家はとってもきれいだ。

とまずモノについての例があって、つぎに、

玛丽长得漂亮极了。／マリーはとびきりの美人だ。

という例をあげる。これは外国人についてである（中国人でもこういう名前の人はいることはいる）。あとは、

这件衣服穿在她身上，显得非常漂亮。／この服を彼女に着せると、とてもきれいに見える。

他今天穿了件漂亮的西服。／彼は今日とてもきれいなスーツを着ている。

你去见他，一定要穿得漂亮点儿。／彼に会いに行くなら、絶対おめかしをしていかないと。

と服装の例が続く。人を問題にする場合でも、せいぜい、

我觉得她不怎么漂亮。／わたしは彼女は特にきれいだと思わない。

と否定形である。もうひとつ、外国人用に編まれた辞書である『学漢語用例詞典』（北京語言大学出版社、二〇〇五。以下『学漢語』）が人の例としてあげる、

那个演员一点儿也不漂亮。／あの俳優は少しもきれいでない。

は否定形だ。これは相手が俳優だから、美醜の対象になっても仕方がないかもしれない。ただ、次の例はちょっとひっかかる。

这女孩子长得不漂亮，可心眼儿好。／この女の子は器量はよくないが、気だてはよい。

こういうものも、中国の人にテキストの例として作ってもらうとよく出てくる。

◈〝丑〟はもっとすごい

〝漂亮〟の反義語である〝丑〟になるともっとすごい例がみつかる。そもそも、〝漂亮〟はまだし

も、〝丑〟は真正面からは出しにくい。だから、

相传伊索长得很丑，但聪明过人。

／なんでもイソップは醜男だったそうだが、賢さでは誰にも負けなかった。（『漢英双解』）

她小时候挺丑的，现在越来越漂亮了。

／彼女は幼い頃は器量がよくなかったが、今はどんどんきれいになっている。（『当代』）

电影里的那个很丑的脸男人是个好人。

／映画に出てきたあのブサイクな男はいい人だった。（『当代』）

你把我画得太丑了。／あなたはわたしをとてもブサイクに描いた。（『当代』）

他人很好，就是长相丑点儿。／彼は性格はいいが、見栄えはちょっとよくない。

（『HSK詞匯大綱　漢語8000詞詞典』北京語言文化大学出版社、二〇〇〇、以下『HSK』）

都说他丑得要命，我看还不错。

／みんなは彼のことをひどく醜男だと言うが、私はそんなにひどいとは思わない。（『HSK』）

这孩子真聪明，可惜长得丑了点儿。

／この子どもはとても賢いが、残念ながら（顔が）ちょっとよくない。（『HSK』）

のように、言い訳を前後どちらかに添える。あるいは、

有人说她丑，其实她不丑。／彼女を美しくないという人がいるが、実のところ悪くはない。（『当代』）

谁说她丑？　她一点儿也不丑。

／誰が彼女のことをブサイクと言ったの。彼女はちっともブサイクじゃない。（『学漢語』）

这姑娘长得不丑。／このお嬢さんは（顔が）悪くない。（『学漢語』）

のように否定形にする。後者はたんなる否定ではなく、プラス評価になる。ちょうど〝不难看〟〔みにくくない〕というようなものだ。先に挙げた『常用詞』にも、

这孩子一点儿也不丑。／この子はちっともブサイクじゃない。

她爸爸那么帅，她也丑不了。／彼女のお父さんはあんなにハンサムなんだから、彼女も器量は悪くなるはずがない。

我觉得不丑。／私は悪くないと思う。

という否定形の例が挙がっているが、肯定形も多い。

他妈丑极了。／彼のお母さんはとってもブサイクだ。

小王丑得不能见人。／王さんは人に顔が合わせられないほどブサイクだ。

丑媳妇。／ブサイクな嫁。

丑姑娘。／ブサイクな娘。

弟弟长丑了。／弟は大きくなってブサイクになった。

手术后，他变得更丑了。／手術後、彼はよけいブサイクになった。

ここまで言うか、という例が並んでいる。辞書は現実を写す鏡である。しかし、ここまでくるとちょっと首をかしげたくなる。

男と女

かつての日本の国語辞典は編者が男性ばかりであったためか、男性中心の記述、女性を差別した記述が多いということで問題になったことがある（ことばと女を考える会編著『国語辞典にみる女性差別』三一書房、一九八五）。辞書の記述ではいい意味でも悪い意味でもとりあげられる三省堂『新明解国語辞典』（以下『新明解』）では、「おとこ」「おんな」の動物としての定義は、初版（一九七二）の「雄／雌としての性機能をもつ方」に「性器官」が加わった程度だが、性格の描写は時代の変化を感じさせる。「男」は初版から六版（二〇〇五）まで変化がなく「狭義では、弱い者をかばう［一方で］、積極的な行動性を持った人（男性）を指す」だが、「女」の方は、初版が「狭義では、気が弱く、心のやさしい、決断力に欠けた消極的な性質の人を指す」とあったのが、六版では「心根がやさしく決断力に欠ける面がある一方で、強い粘りと包容力を持つ女性を指す」に変化している。

◈中国の辞書で「男女」はどう描かれているか

中国の辞書で「男女」がどう描かれているか調べてみた。そもそも、中国語の〝男〟〝女〟は〝一男一女〟のような四字句を除けば単独で使われることがなく、もっぱら〝男朋友〟〝女教师〟のように名詞修飾語として使われ、文法的にはこれを区別詞と呼んでいる。単語として「女」（や「男」）

を使おうとすれば、〝女同志〟〝女的〟〝女人〟〝女性〟のように言わざるをえない。このうち、日本語の「女」に近いのは〝女的〟か〝女人〟であろう。子どもが生まれたと聞いて尋ねるときの「男？女？」はそのまま〝男的？　女的？〟と言えばいい。〝输了？　赢了？〟（負けた？　勝った？）同じく、対立するものが二つしかないから、選択疑問文の〝还是〟を使わなくてよい。

性差が現れるのは〝女人〟〝男人〟のように〝人〟がついたカタチである。まず、生理的な面からの違いを述べたものとしては、

一般来说，男人要比女人身体壮，力气大。／ふつうは男は女より体がたくましく、力も強い。

（『応用漢語詞典』商務印書館、二〇〇〇、以下『応用』）

男人一般比女人有力气。／男はふつう女より力がある。

（『当代漢語学習詞典』北京語言大学出版社、二〇〇五、以下『当代』）

のように男女での力の差をあげる。もちろん個別には、ひ弱な男もいるだろうし、男より力のある女もいる。

『新明解』にあった「ねばり」をあげるものもある。

女的比男的耐力好。／女は男より我慢強い。

（『漢語常用詞用法詞典』北京大学出版社、一九九七、以下『常用詞』）

女性の方が人に関心を払うことに長けているというものもある。

女人的特点是会关心别人。／女の特徴は世話好きであるということである。（『当代』）

こう言うと、男だって「気配りしすぎ」という男もいると反論が出るに違いない。ただし、女性の関心の対象はと言えば、

女人们说得最多的是孩子。／女たちが話題にすることで一番多いのは子どものことである。（『当代』）

女人们揍在一起，话题就离不开丈夫和孩子。

／女たちが集まると、話題は夫や子どもから離れられない。（『常用詞』）

のように、話の内容は子どもや夫中心になるようだ。

『新明解』が（日本？）女性の性格としてあげる「やさしい」という例はないが、

大卫不喜欢特别厉害的女人。／ターウェイはあまりきつい女は好きではない。（『当代』）

からすると、あまりきつい女はにがてということか。

◈女も男に負けない

女も男に負けないぞという励ましの例もある。

男人能做的事儿，女人也能做。／男ができることは女もできる。（『当代』）

男人能做的工作，女人也能做。／男ができる仕事は女もできる。（『当代』）

在很多方面，女人不比男人差，甚至比男人强。

／多くの面で女は男に劣るわけではなく、男にまさることさえもある。（『応用』）

これを見て、〝妇女能顶半边天〞（女性は天の半分をささえる）や、

时代不同了，男女都一样，男同志能办到的事，女同志也能办得到。
／時代は変わった。男も女も同じである。男ができることは女もできる。（毛沢東）

といったことばを思い浮かべる人もいるに違いない。

女性の社会参加を応援することばもある。

越来越多的女人走出家庭，走向社会。
／ますます多くの女性が家庭から外へ出、社会に進出している。（『当代』）

女人也需要自己的事业。／女も自分の仕事を持つことが必要だ。（『当代』）

新中国になったのに、女性は家庭以外に生き甲斐がなかったのか。しかし、一方で、

一个成功的女人离不开丈夫的支持。（『常用詞』）

のように、「女性の成功は夫の支えなしには成り立たない」という観念も根強い。男女にバランスのよい記述は難しい。

◈女性の特徴？

女性の特徴としておしゃれ好きをあげるものもある。

女人都喜欢漂亮。／女はみな美しくなりたがる。（『常用詞』）

女人最爱美。／女は最もおしゃれだ。（『学漢語用例詞典』北京語言大学出版社、二〇〇五、以下『学漢語』）

女人都喜欢打扮。／女性はみなおしゃれが好きだ。（『学漢語』）

女性の方が「泣き虫だ」という例もある。

比较来看，女人更容易哭。／比べてみれば、女性の方がよく泣く。（『当代』）

よく泣く男もいるはずだが、一般常識ではそうなのだろう。

◈男はつらい？

一方、〝男人〟の例はと言えば、「男性は強くなくてはいけない」というものがかなりある。

你一个大男人，这点儿事还干不来吗？／大の男がこれくらいのこともできないのか。（『常用詞』）

男人应该更坚强。／男はもっと強くなければならない。（『常用詞』）

每个男人都渴望成功。／どの男も成功することを強く望んでいる。

（『HSK詞匯大綱　漢語8000詞詞典』北京語言大学出版社、二〇〇〇、以下『HSK』）

你看他说话的声音像蚊子似的，哪像个男人！

／彼の声は蚊が鳴くようだ。それでも男と言えるか。（『HSK』）

次の例は、男性がみれば頷く例だ。

商店里，男人的衣服不太多。／店の中で男の服はあまり多くない。（『学漢語』）

こんなふうに辞書の「男女」についての例を通しても中国社会がかいま見える。

中国の辞書はおせっかい？

辞書に規範的なものと記述的なものがあるということを二一五頁で書いた。「赤、緑、黄」はどれも色の名前だが、「赤」は「赤い」と形容詞になれるのに対し、「黄」は「色」をつけてはじめて「黄色い」と言える。「緑」になると「緑色」となっても「緑色の」と言えるだけで「緑色い」とも言えない。ところが、若い人の中には、「緑い」と言う人もいる。わたしなどは、こういう形を生み出す力に感動してしまうのだが、規範的な立場からはとても許されない現象であろう。

辞書がことばの規範を主張するのは理解できるが、中国の辞書は人の行動に対してもしばしば規範的である。これは『応用漢語詞典』（商務印書館、二〇〇〇、以下『応用』）に顕著にみられる。一方『現代漢語詞典』（第五版、商務印書館、二〇〇五、以下『現漢』）は極力主観的な語釈や例を排除しようとしているが、ときおりそんな例が顔をのぞかせて楽しい。たとえば、【超重】は『現漢』では〝超过规定的重量〟（規定の重量を超える）としかないのに、『応用』になると、

◈説教ぽい用例

信件超重要增贴邮票。／手紙は規定の重量を超えると切手を余分に貼らなくてはいけない。

行李超重要加收托运费用。／荷物は規定の重量を超えると割り増しの料金を徴収する。

という例がつく。まるで叱られているような気持だ。『応用』はほとんどの語に用例をつけると

いう試みをしていて、それはそれで使う側にはありがたいことなのだが、その際、こうした説教くさい用例をあげることがしばしばある。『現漢』が語釈だけをあげるところを『応用』はわざわざ次のような例をそえる。

【抄袭】抄袭别人的作品是最没有出息的行为。

／人の作品を剽窃するのは最低の行為である。（『応用』）

【体重】身体的重量。／体の重さ。（『現漢』）

→要想减轻体重，就得加强锻炼。

／体重を減らそうとするならトレーニングを強化しなくてはいけない。（『応用』）

【体罚】体罚儿童是非常错误的方法。

／子どもに体罰を加えるのはきわめてまちがった方法である。（『応用』）

【忘乎所以】我们不能因为取得一些成绩就忘乎所以。

／少しばかり成果をあげたからといって、我を忘れてのぼせあがってはいけない。（『応用』）

【偏废】学生要德、智、体全面发展，任何一个方面都不能偏废。

／学生は徳育、知育、体育すべてを発展させ、どの面についてもおろそかにしてはいけない。（『応用』）

【爱情】男女相爱的感情。／男女が愛しあう感情。（『現漢』）

→经得起考验的爱情才是真爱情。／試練に耐えうる愛情こそ真の愛情である。（『応用』）

【富】过上富日子，不要忘了穷日子

／豊かな生活ができるようになっても、貧しい日々を忘れてはいけない。（『応用』）

剽窃が最低の行為であることは言われなくてもわかるだろう。中国人は一般に体罰はいけないと思っているのだろうか。豊かになっても貧乏な時代を忘れるなとか、愛情は鍛えられこそ価値が出る等々、教育的といえば教育的だが、おせっかいといえばおせっかいだ。日本の辞書でこんな例はとても出せまい。ちなみに中国語の〝体罚〟は動詞である。

◈愛国的？

『応用』は、きわめて愛国的でもある。

【祖国】自己的国家。／自分たちの国。（『現漢』）

→热爱伟大的祖国。／偉大な祖国を心から愛する。『応用』

【热爱】热爱祖国的一草一木。／祖国の草一本、木一本も心から愛する。（『応用』）

『現漢』もここでは〝热爱工作〟のつぎに〝热爱祖国〟という例を出す。〝热爱〟という語には〝热爱祖国〟というのが定番ということか。さらに、

【忘掉】我忘不掉生我养我的祖国。／わたしはわたしを生み育ててくれた祖国を忘れない。（『応用』）

【富强】歌唱我们伟大的祖国，从今走向繁荣富强。

／わが偉大な祖国が今後栄え強くなっていくことを称える。（『応用』）

のように国への感謝を忘れず、繁栄を祈る。

〝便〟のような虚詞、〝宽度〟という、政治とは関係のない語にも〝国家〟が顔を出す。

【便】没有四个现代化，便没有国家的富强。／四つの現代化がなければ国の富強もない。（『応用』）

【宽度】国家有权确定自己领海的宽度。／国はその領海の範囲を確定する権利を有する。（『応用』）

これなど生々しい例だ。

◈大衆は英雄？

国に対し〝群众〟qúnzhòngということばも好きだ。もっとも、これは『現漢』についても言えることである。

【群众】深入群众。／深く大衆の中に入る。听取群众的意见。／大衆の意見を聞く。（『現漢』）

→群众是真正的英雄。／大衆は真の英雄である。（『応用』）

【为了】为了教育群众，首先要向群众学习。

／大衆を教育するには、まず大衆から学ばなくてはならない。（『現漢』）

【雪亮】群众的眼睛是雪亮的。／大衆の目はよくお見通しだ。（『応用』）

「大衆は真の英雄」だとか「大衆の目はよくお見通しだ」とかいうのは、ちょっと大衆を持ち上げすぎではないだろうか。中国人は「建前」が好きなのだろう。建前と言えば次の例もそうだ。

【喉舌】我们的报纸是人民的喉舌。／我々の新聞は人民の代弁者だ。（『現漢』）

う〜ん、はたしてそうなのかと言いたくなるが、『応用』だけでなく、『現漢』も要するにこういう例を出すのが好きなのだ。『東方中国語辞典』（東方書店、二〇〇四）がこの例を〝报纸应成为人民的喉舌〟（新聞は人民の代弁者となるべきだ）と、ザインではなくゾレンのかたちに変えているのは面白い。

◈これは政府のスローガン？

政府のスローガンをそのまままもってきたのかと思わせるようなものもある。

【富】让一部分人先富起来。／まず一部の人たちを豊かにする。（『応用』）

【节育】适龄夫妇应当节育。／子どもを生める年齢にある夫婦は産児制限をしなくてはいけない。（『応用』）

【孩子】提倡一对夫妇只生一个孩子。／一組の夫婦には一人の子どもを生むことを提唱する。（『応用』）

『現漢』は【孩子】に〝她有两个孩子〟（彼女には子どもが二人いる）という例をあげる。この例はなにを意味するのだろう。

【认为】我们认为民主是手段，不是目的。／民主は手段であり、目的ではない。（『応用』）

これも考えさせられる例だ。きわめつけは、

【承诺】不承诺不使用武力。／武力を行使しないとは言わない。（『応用』）

で、この例から、中国の台湾問題の主張を連想できたらかなりの中国通である。

辞書の用例から中国革命史が見える

前回は『応用漢語詞典』（商務印書館、二〇〇〇、以下『応用』）や『現代漢語詞典』（第五版、商務印書館、二〇〇五、以下『現漢』）に、教訓ぽい例や国家を意識させる例が多いということを書いた。中国における辞書は、国家のプロパガンダ的役割を果たしているというべきだろう。

◈党・組織

この二つの辞書、とりわけ前者を利用していて気がつくことは、国家、祖国から始まって、「党」「階級闘争」それにおびただしい軍事用語があちこちに見られることである。前回この二つの辞書で、〝群众〟（大衆）ということばがあちこちに見られることを指摘したが、この対極にあるのが〝党〟であり組織に関する語である。

【认真】认真执行党的决议。／党の決議を真剣に実行する。（『応用』）

【走样】保证贯彻上级的指示不走样儿。／上部の指示をそのまま徹底させることを保証する。（『応用』）

【坚定】各级领导要坚定地贯彻群众路线。／各級の指導者たちは大衆路線を断固貫徹しなくてはいけない。（『現漢』）

【听其自然】厂领导应抓住苗头，予以指导，不能凡事都听其自然。

／工場の指導者は小さな兆しも見逃さずに指導すべきで、何事も成り行き任せにしてはいけない。

（『応用』）

のように、〝党〟や〝上级〟とは直接関係ない語の例の中に出てくる。

◈辞書の用例から中国革命史がみえる

中国の近代革命史としては、党が大衆を指導し、旧社会をひっくり返し、大衆を苦難の中から救ったということになっているが、この二つの辞書をめくっていると、用例から歴史の断片がよみがえってくる。

【苦难】永远不能忘记旧社会的苦难。／旧社会の苦難をいつまでも忘れてはいけない。（『現漢』）
↓旧社会的苦难。／旧社会の苦難。（『応用』）
【这】专为抢救我的孩子开一列快车，这在旧社会是连想也不敢想的。
／私の子どもを救うためにだけ急行列車を走らせるなんて、こんなことは旧社会ではとても考えられないことだ。（『応用』）
これはなんと〝这〟につけられた例である。「旧社会」すなわち一九四九年に中華人民共和国ができる以前の社会と現在の社会を対比することは、今の中国の原点でもある。
【为着】我们这个队伍完全是为着解放人民的。

（わたしたちのこの軍隊は全く人民を解放するためのものである）（『応用』）

これは人民解放軍のことで、毛沢東の『老三篇』からのことば。

【威名】红军威名天下扬。／紅軍の評判が世の中に伝わる。（『応用』）

人民解放軍はかつては紅軍と呼ばれた。

【确实】根据确实的情报，敌人已经出了村。

／確かな情報に基づけば、敵はすでに村を出ている。（『応用』）

こんな語にこんな例が必要かと思わせる例である。もっとも、これは抗日戦争時期か国共内戦時期かわからないが。中国の革命史を知らないと、こうした例を見てもなんのことかわからないだろう。

【血迹】衣服上有血迹。／衣服に血痕がある。（『現漢』）

→踏着烈士的血迹前进。

／革命のために壮絶な死をとげた人々の血の跡を踏みしめて前進する。（『応用』）

今の中国が生まれる前にどれほど多くの人々が血を流したか。

【钳制】钳制住敌人的兵力。／敵の兵力を阻止する。（『現漢』）

→游击队从后方钳制住敌人的兵力。／ゲリラ部隊が後方から敵の兵力を阻止する。（『応用』）

【坚持】留在敌占区，坚持地下斗争。／敵の占領地区に留まり、地下闘争を続ける。（『応用』）

革命闘争は農村ではゲリラ戦として、また都市では地下闘争としてくりひろげられた。

くる。

◈多い敵ということば

階級闘争理論に立てば、敵味方の区別は重要で、〝敌人〟〈敵〉ということばもおびただしく出てくる。

【不行】敌人溃不成军，眼看不行了。／敵は総崩れになり、みるみるうちに潰滅した。（『応用』）
【节节】敌军节节败退。／敵の軍隊はずるずると敗退していった。（『応用』）
【威逼】连死都不怕，还怕敌人威逼吗？／死をも恐れないのに、敵の脅しを恐れたりするものか。（『応用』）
【威风】把敌人的威风打下去。／敵の脅しを打ち払う。（『応用』）
【威吓】不顾敌人的威吓。／敵の脅しをものともしない。（『応用』）
【妄动】如果敌人分兵妄动，我们则集结兵力，消灭其一路。／もし敵が兵を分けて動くなら、我々は兵力を結集してその一つをせん滅する。（『応用』）
【望风而逃】我军兵强马壮，敌人望风而逃。／わが軍が強いので、敵は形勢不利とみて一目散に逃げていった。（『応用』）
【宽纵】容忍自己的过错，无异于宽纵敌人。／自己の間違いを容認することは敵を放任することに他ならない。（『応用』）

◈軍事用語の一般化

軍事用語が日常用語化するというのは、なにも中国だけの現象ではなく、あとにあげる中国語と同じものが日本語の中にも存在する。「紅白歌合戦」だってその一つだ。その傾向は文化大革命期に特に顕著であったが、今それが衰えたと言うこともできない。たとえば、

【宣战】向沙漠进军，向大海宣战。／砂漠に向かって進軍し、海に向かって宣戦布告する。（『応用』）

を始め、〝～战〟を後要素にもつ語はおびただしくあるが、比喩的なものでも、〝挑战〟〔挑戦〕、〝舌战〟〔舌戦〕、〝商战〟〔商戦〕、〝转战〟〔転戦〕などがある。

また、〝前卫〟〔前衛〕、〝前线〟〔前線〕はもちろん、〝前沿科学〟〔最先端科学〕の中の〝前沿〟も〝～阵地〟〔～陣地〕というように本来軍事用語である。

以上見てきたように『応用漢語詞典』は中国の辞書の中でもやや特異なのかも知れない。しかし、中国語の辞書から、ここであげたような例をすべて排除することは不可能だし、中国らしさが消えてしまうだろう。

＊付記——中国社会における軍事用語の一般化については张筱平「关于现代中国社会军事词语泛化的思考」（『文明21』第一六号、愛知大学国際コミュニケーション学会、二〇〇六）を参照した。

用例から見える家族像

◈国語辞典の「母」「息子」「娘」

国語学者の遠藤織枝氏は一貫して、国語辞典における女性差別の問題を追究しておられる。その氏が一九九三年当時一目おいた『集英社国語辞典』(一九九三)でも、「母」にかかわる例では「母を尋ねて三千里」「母親にすがりつく」「母を恋い慕う」「亡き母をしのぶ」のように、中年の域に達した男性執筆者たちの甘美な母親像が彷彿としてくるという。また、「息子」では、「息子に期待をかける」「息子を一人前にあつかう」「息子の自慢をする」のような期待される対象なのに、「娘」だと「末娘が片づく」「としごろの娘」「二人の娘を片づける」「娘を手放す」「娘の結婚を認める」「縁遠い娘」「出戻り娘」「ふつつかな娘」「ぶあいきょうな娘」「みめよい娘」のように、娘の器量や結婚が心配の対象となっているという(れいのるず＝秋葉かつえ編『おんなと日本語』VI章、有信堂高文社、一九九三)。こういう批判があるせいか、最近の国語辞書では、女性にかかわる親族名称についても、単に意味を記述するだけに終わるものが多いようにみえる。『明鏡国語辞典』(大修館書店、二〇〇二)の「よめ」の項には「長男の嫁」という例があがっている。日本人ならこの例をみて長男の嫁のたいへんさを連想するだろうが、外国人にはどうだろう。

中国語の親族名称にはどのような例がついているのだろうか。『現代漢語詞典』(第五版、商務印書館、二〇〇五）や『応用漢語詞典』（商務印書館、二〇〇〇）は単に語釈で終わっている。そこで用例の多い以下の学習辞典二種を見てみた。

『漢語常用詞用法詞典』（北京大学出版社、一九九七、以下『常用詞』）

『学漢語用例詞典』（北京語言大学出版社、二〇〇五、以下、『学漢語』）

◈父と母　兄と姉

父親は特に特徴がない。『学漢語』では、

爸爸喜欢文学。／お父さんは文学が好きだ。

我长得像爸爸。／わたしはお父さんに似ている。

爸爸的脾气不太好。／お父さんの性格はあまりよくない。

のように、特にあげれば性格が悪い点か。母親はといえば、

妈妈又上班又干家务，特别辛苦。／お母さんは仕事やら家事やらでとってもたいへんだ。

妈妈每天去公园散步。／お母さんは毎日公園へ散歩に行く。

爸爸不关心妈妈。／お父さんはお母さんに関心をはらわない。

とあって、働く中国の母親は家事も忙しい。「毎日公園を散歩する」というのは、中高年になって、体のことを心配しているのだろうか。

兄と姉はやはり弟や妹思いで、時に親代わりをする。

哥哥们对妹妹都很关心。／兄たちは妹にとても関心をはらっている。（『常用詞』）

父母去世早，姐姐就像母亲一样把我扶养成人。／両親が早くなくなったので、姉は母親のように、わたしを育ててくれた。（『学漢語』）

◈祖父と祖母

中国語を勉強すると祖父と祖母の名称が父方と母方に分かれていることをたいてい習う。このうち、用例の多いのはやはり父方で、

奶奶特别疼爱我。／おばあちゃんはとてもわたしを可愛がってくれる。（『学漢語』）

小华有一位慈祥的奶奶。／シアオホアにはやさしいおばあちゃんがいる。（『学漢語』）

我要记住奶奶的话。／わたしはおばあちゃんの言ったことを覚えておく。（『学漢語』）

我是由奶奶带大的。／わたしはおばあちゃんに育ててもらったのだ。（『常用詞』）

从小跟奶奶一起生活。／小さいときからおばあちゃんといっしょに暮らしている。（『常用詞』）

奶奶和我们住在一起。／おばあちゃんはわたしたちといっしょに暮らしている。（『常用詞』）

のように、〝奶奶〞とは同居していて関係が深く、〝奶奶〞に育ててもらったという人もいる。一方、〝爷爷〞はと言えば、

爷爷刚给我买了新玩具。／おじいちゃんはわたしに新しいおもちゃを買ってくれたばかりだ。（『学漢語』）

我很想念我爷爷。／わたしはとてもおじいちゃんに会いたい。（『学漢語』）

以前爷爷的身体不太好，后来坚持打太极拳，现在好多了。／以前おじいちゃんの体はあまり丈夫でなかったが、その後太極拳をつづけてやったので、今ではずいぶんよくなった。（『学漢語』）

爷爷的话周刚句句都听。／チョウカンはおじいちゃんの言うことをなんでも聞く。（『常用詞』）

爷爷的童年非常苦。／おじいちゃんの幼年時代はとても苦しかった。（『常用詞』）

爷爷的知识面特别广。／おじいちゃんはなんでもよく知っている。（『常用詞』）

のように、やさしく、孫の方も〝爷爷〟思いで、〝爷爷〟に対して尊敬の念を抱いている。これに対し母方の〝姥姥〟〝老爷〟の方は全般に影が薄い。

我是我姥姥看大的。／わたしは母方の祖母に育ててもらったんだ。）（『常用詞』）

という例もあるが、

暑假去我姥姥家了。／夏休みにわたしはおばあちゃん家へ行った。（『常用詞』）

我现在去我老爷家。／わたしはこれからおじいちゃん家へ行く。（『常用詞』）

のように、休みやなにかのときに行くだけのところのようだ。

◈妻と夫　息子と娘

『学漢語』の妻と夫は仲がよく、贈り物をしあい、よくできた妻は夫の頼るべき相手だ。

我的成功离不开妻子的帮助。／わたしの成功は妻の助けときりはなせない。
小李的丈夫跟她感情非常好。／李さんの夫は李さんととても仲がいい。
她想送给丈夫一束鲜花作为生日礼物。
／彼女は夫に、誕生日のプレゼントに花束を贈ろうと思っている。
她爱丈夫，也爱孩子。／彼女は夫を愛するとともに、子どもも愛している。
丈夫的礼物让妻子十分高兴。／夫のプレゼントに妻はとてもよろこんだ。
妻子非常需要丈夫的理解和信任。／妻は夫の理解と信頼をとても必要としている。
我老婆很贤惠。／わたしの妻はとても優しくて聡明だ。
有的男人什么都靠老婆，一点儿家务也不干。
／男の中にはなんでも妻に頼り、少しも家事をしない人もいる。
他老婆的手艺不错。／彼の奥さんの（職人としての）腕はとてもよい。

親から見た娘は、

我家的女儿比儿子孝顺。／うちの娘は息子より親孝行だ。
我老了，全靠女儿了。／わたしは年をとったから、すべて娘に頼っている。
女儿的心思父母最了解。／娘の気持は両親が一番よく知っている。

とお互いわかりあえていて、息子より親孝行で頼れる相手だ。息子はというと、

父母总想着儿子的前途。／両親はいつも息子の将来が気がかりだ。

のように、いつも気がかりな対象だ。

◈嫁と姑

嫁は手先が器用で家のきりもりがうまく、老人孝行の有能な女性だ。

王奶奶，您媳妇真能干，把家料理得这么好。／王ばあさん、あなたの嫁は本当によくやる。家のきりもりがこんなにうまい。（『常用詞』）

他们家娶了一个好媳妇。／かれらの家ではすばらしい嫁をもらった。（『常用詞』）

老两口为家里有这么一个媳妇而感到高兴。／老夫婦は、家にこんな嫁が来てくれたのでとても喜んでいる。（『常用詞』）

张家的媳妇可孝敬老人了。／張家の嫁は本当に老人孝行だ。（『常用詞』）

婆婆很喜欢这个心灵手巧的儿媳妇。／姑はこの利口で器用な嫁をとても気に入っている。（『学漢語』）

我媳妇的家务活，干得特别好。／うちの嫁は家事をとてもうまくやる。（『学漢語』）

もっとも、気に入らない嫁もいる。

老两口对媳妇很不满意。／年寄りたちは嫁にたいそう不満だ。（『学漢語』）

一方、姑は嫁の尊敬する対象だ。

她很尊重婆婆。／彼女は姑をとても尊敬している。（『学漢語』）

婆婆的话有理，媳妇应该听。

／姑のいうことは道理が通っているから、嫁は聞かなくてはいけない。（『学漢語』）

舅（公公）には例がない。人の話題に上るのは嫁姑だからだろうか。

最後に、こうした用例を調べていて気がつくのは職業で、以下にあげるように知的なものが目立つ。

他妈妈是位大夫。／彼の母親は医者だ。（『常用詞』）

他爷爷是个工程师。／彼のおじいさんはエンジニアだ。（『常用詞』）

王老太太的两个媳妇都在银行工作。

／王おばあさんの二人の嫁はどちらも銀行で働いている。（『学漢語』）

小王的媳妇是个护士。／シアオワンの嫁は看護師だ。（『学漢語』）

她婆婆原来是汉语老师。／彼女の姑はもと中国語の先生だった。（『学漢語』）

他妻子是医院的大夫。／彼の妻は病院のお医者さんだ。（『学漢語』）

他女儿是大夫。／彼の娘は医者だ。（『学漢語』）

我儿子是个电脑工程师。／わたしの息子はコンピューターエンジニアだ。（『学漢語』）

姐姐是小学教师。／姉は小学校の教師だ。（『学漢語』）

V

これからの中国語辞書

紙辞書と電子辞書（その1）

◈「紙辞書派」のつぶやき

近年電子辞書に押され、「紙辞書」の売れ行きがはかばかしくないという。ある老舗の国語辞典も、紙での再版はもうしないといううわさも聞いた。[*1] 紙辞書派からすると、一矢報いたいところだが、そう考えている間にも電子辞書の機能はますます高精度になっていっている。紙辞書に起死回生の機会はあるのだろうか。

◈ふろしきに辞書・早引き競争

これだけ電子辞書が普及したのにはそれなりの理由がある。携帯に便利。これはだれしも否定しないだろう。学校に英和ともう一つ辞書をもっていくとなると重労働だ。帰りにちょっとどこかへ寄るのもおっくうになる。わたしは高校生のとき、中型の英和辞典をふろしきにつつんで学校に通ったことがあるが、あれはなんだったのだろう。携帯に便利なのは、海外へ旅行や留学にいくときだ。この春(二〇〇五年)、台湾に三週間の研修にでかけた知人は娘さんの電子辞書を借りていったという。家では辞書を積み重ねて使っているそうなのに。中国に留学していた学生の話では、中国についたばかりでまだ語彙力のない人たちは、いつも電子辞書を携帯し、わからない語に出会うたびに引いていたそうだ。紙辞書では、そういうわけにもいかないだろう。紙辞書にも携帯版というのがあり、よくできたものがいくつかあるが、語彙数ではいかんせん電子辞書にかなわない。

引くのが速い。辞書というのは引くのが面倒だった。中学や高校で、辞書の早引き競争をした人もいるだろう。先生はどうしてあんなに辞書を速く引けるのかと感心した人もいたに違いない。長年引いていると、だいたいこのあたりだという見当がついてくる。ぱっと開けたところに目指す語があると、まるでホールインワンの心境だ。紙辞書で引くにはアルファベットの順序や、どの部が厚く、どの部が薄いかに習熟していないといけないが、電子辞書だとそれも不要になる。

◈ABC索引とブラインドタッチ

電子辞書の文字盤は基本的にパソコンの配列と同じだ。日頃パソコンに慣れている人たちにとって、それはなんの苦もないことだろう。パソコンの文字配列はといえば、もともとタイプライターの文字配列からきていて、英語でよく使われる文字を中心に配列されているから、これもアルファベットの順序とは別のものである。

アルファベットの順序を忘れることで不便なことはあるだろうか。日本の最初の本格的国語辞書『言海』が明治二一年に出版されたとき、非難された点の一つは、これが「あいうえお」順だったことだ。「あいうえお」や「いろは」はそれなりの歴史があるし、「あいうえお」も当時、学校教育では徐々に普及はしていた。しかし、より人口に膾炙していたものは「いろは」だったという。[*2]

わたしたちは「あいうえお」の配列を「あかさたな……」の口調で、パソコンの文字配列とは別に覚えている。携帯のメールの文字盤はちょうどこの順でならんでいるから、慣れてくれば、ブラインドタッチができる。わたしも、若い人の速さにはかなわないが、娘との交信で少しは速く打てるようになった。「いろは」引きの辞書がなくなった結果、その順序が「何々のいろは」でしか人々の記憶に残らなかったように、順序を忘れられたアルファベットも、せいぜい「何々のABC」というカタチで記憶されるだけなのだろうか。

◈手軽に『広辞苑』はいいけれど

引くのが速くなった結果、若い人たちは気楽に辞書を引くようになった。なんといっても、辞書というものは一般の人には近寄りにくかった。大きな重い辞書はなおさらだ。しかし、電子辞書は軽いことこの上ない。とりわけ、これまで辞書にあまり縁のなかった人たちにまで、気軽に国語辞典を引かせるようになったということで、電子辞書が果たした役割は大きい。電子辞書によって、より身近になった国語辞典は『広辞苑』(岩波書店)だろう。わたしは語源や語誌をみるには『広辞苑』や『日本国語大辞典』(小学館)を引くことがあるが、ふだん気軽に引くのは『新明解国語辞典』(三省堂)や『明鏡国語辞典』(大修館書店)、『新選国語辞典』(小学館)といった小・中辞典のほうだ。国語辞典は小・中辞典にいいものがたくさんある。人々が気軽に『広辞苑』を引くようになったことはいいことだが、国語辞典が『広辞苑』や電子辞書に入ったものだけだと思われたとしたら、これは日本語の将来にとって不幸なことだ。

◈老眼の救世主か?

老眼の進んだ知人の一人は、最近紙辞書を引くのがおっくうになって、電子辞書の助けを借りることが多いという。考えてみれば、辞書は小さなスペースに多くの情報をいれようとするから、どうしても文字が小さくなる。電子辞書はこれを解決した。ズームアップもお茶の子さいさいだ。老眼の進んできた中高年にとって、電子辞書はまさに救いの星ではなかったろうか。

＊1――これは『広辞苑』のことである。そう思っていたら、『広辞苑』は二〇〇八年一月に第六版が出、DVD―ROM版も同時発売された。

＊2――このあたりの事情については『国語辞書事件簿』(石山茂利夫、草思社、二〇〇四)が詳しい。

紙辞書と電子辞書（その2）

◈第二外国語はいきなり電子辞書？

じっくりやるときは紙辞書、とりあえず、さらっと調べたいときは電子辞書という人がいる。こういう人にとって電子辞書は、本来紙辞書を補完するものであったはずだ。そして、電子辞書がすべての人にとって補完的なものであったとしたら、紙辞書界が今ほど危機感を感じる必要はなかったろう。

今の学生たちの大多数も、高校まではたいてい紙辞書を使っている。だから、その学生たちが、大学に入って、携帯用の辞書として英和の入った電子辞書を買うというのは理解できる。大学にまで、あの重い辞書はもっていきたくないだろうから。第二外国語についても、紙辞書に親しんだ上で電子辞書に移行するなら問題はなかった。ところが、大学に入って第二外国語を学びはじめたはいいが、そのための辞書まで持って行くのはたいへんだ。だから、学生たちは第二外国語の辞書としていきなり電子辞書を買いはじめたのである。

◈電子辞書は辞書を選べない

電子辞書の問題点は、辞書を選べないことである。あるいは機種を選んだ段階で辞書も決まってしまうと言ってもよい。英語辞典はまだしも、それ以外の外国語についていえば、電子辞書に入っているのはせいぜい一種類だけで、選択の余地がない。紙辞書なら、店頭で何種類もの辞書のなかから、自分にあったものを選ぶことができる。ところが、電子辞書では最初から使うものが決まっているのである。もちろん、今はどの言語についてもそれなりのレベルのものが入っている。しかし、それはその出版社の営業戦略の勝利を物語るものではあっても、それがその外国語辞書で最も優れているとか、その機種を選んだ使用者に今、最もふさわしいということを意味しない。わたしが危惧するのは、日本の辞書出版界は、このままでは活力を失い、衰退していくのではないかということだ。それに、今は紙辞書が併存する以上、ある程度紙辞書が売れない限り、ニューバージョンも電子化されにくい。中国語で電子辞書にはいっているのは、小学館と朝

新学期の電子辞書売場。

日出版社の二種類で、そのうち、より一般に使われているのは小学館だ(二〇〇五年六月現在)。小学館の中日辞典がよくできていることは筆者も認めることにやぶさかではない。しかし、すでに改訂版が二〇〇三年に出ているのに、電子辞書に入っているのは今も初版である。[*1] 辞典の電子化は、改訂版の発行をいっそうおくらせるものになりはしないだろうか。三省堂の『新明解国語辞典』はわたしの愛する辞書のひとつで、たびたび改訂版が出ていて、現在は第六版だ。三省堂も、まさかこの辞書までは電子化しないだろうと思っていたら、第五版はすでに電子化されていた。[*2]

電子辞書は辞書を選べないといっても、そもそも、中学・高校から自分で辞書を選んで買ったという人はどれだけいるだろうか。中学・高校では学校指定の辞書というものがあるから、生徒は指定されたものを買うだけである。もっとも学校によっては複数の辞書を推薦しているところもあるから、選ぶ努力が必要なときもある。大学だと教師はたいてい複数の辞書を推薦するから、学生は高校のときより選ぶ必要がでてくる。しかし、複数の辞書のなかから、悩みながら辞書を選んだという人はそれほどいないだろう。本当はみんなが複数の辞書を見比べながら辞書を選んでいくことで、辞書編集者も出版界も鍛えられ、よりいいものが出てくるものなのに。

◈複数の辞書を引き比べられない

紙辞書派が紙辞書を愛する理由のひとつは、多くの辞書をならべてみることができることである。もちろん、これは何種類も辞書をもっているということが前提で、ある意味マニアックなことかもしれない。電子辞書によっては、数種の英和辞典、英英辞典が入っているものがあるから、ちいさな画面でも、ジャンプ検索や複数検索によって、これらを引き比べることができる。ところが、この時点(二〇〇五年六月)では、国語辞典や他の外国語辞典はほぼ一種類しか入っていない。前回書いたように、国語辞典では『広辞苑』が優勢で、これ以外では大修館の『明鏡国語辞典』、旺文社の『国語辞典』、三省堂の『スーパー大辞林』、学研の『現代新国語辞典』等がはいっているが、たいてい一機種一種に限られる。

『広辞苑』はしばしば「広辞苑には……とある」というふうに、ことばの権威づけに使われる。ところが、今は『広辞苑』のなんたるかを知らなくても、『広辞苑』にこうありましたと言う時代なのである。あるいは、『広辞苑』とは国語辞典の総称だと思う人もいるかもしれない。前回、電子辞書における国語辞典の一極化に危惧を抱くということを書いたが、『広辞苑』自身も、その価値がわからないまま引用されているのである。辞書に個性を感じる人はごく一部のマニアだけかもしれないが、電子辞書は辞書の個性というものをこれまで以上に稀薄にしてしまうのではないだろうか。

＊1——小学館の『中日辞典』第二版は、二〇〇七年から各社の電子辞書に採用されるようになった。これはその年に講談社がいきなり第二版を電子辞書化したからである。

＊2——その後、第六版もCD—ROMが『超辞典　三省堂新明解国語辞典第六版』(クロスランゲージ、二〇〇九年二月)として発売された。

紙辞書と電子辞書（その3）

◈寄り道の楽しさ

紙辞書はめくって見るものである。そういえば当たり前といわれそうだが、いきなり目指す語が出てくる電子辞書との違いがそこにはある。目のいい人なら見開き二ページが一度に目に入る。もっとも、「見れども見えず」で、目に入っても、すべてが目にとまるわけではない。しかし、この広範囲に見えるということが重要なのである。その結果、ときに目指す語以外のものが目にとまることがある。手前みそで恐縮だが、『東方中国語辞典』（東方書店、二〇〇四）の場合には、四方にカットの絵が入っているし、類義語解釈の「どうちがう？」など囲みの記事は色分けしてあるので、否が応でも目に入る。その結果、目指す語の検索をストップして、そうしたカットや解説を読んでしまったりする。それはつまり、めくる行為を通して、寄り道をするということだ。あるいは、探している語とともに前後左右の語もついでに読んだりする。要するに辞書を調べるのでなく、読んでしまうのである。効率第一の電子辞書ではこんなことはできまい。中年以上になると、ふと目にとまった語の解説や例文を読んでいるうちに、なにを探していたのか忘れたりすることもある。ついさっきも、de の音を持つ語を探しているうちに、「どうちがう？」の［道／条］の解説が目に入り、読んでいるうちになにを探していたのか忘れてしまった。おつかいにいったら寄り道をしないで帰ってきなさいといわれても、寄り道は楽しいものだ。あれである。あれが紙辞書ではできる。電子辞書と紙辞書の違いの根本はここにあるのではないか。

何年か前に、内田慶市氏の『ハーバード電脳日記』(同学社、二〇〇〇)という本の書評をしたことがある(『東方』二三九号)。本書の中で、わたしが特に印象に残ったのは、内田氏がパソコンの名手で、インターネットを通していくらでも本に関する情報を得ることができるにもかかわらず、本探しの基本は一冊一冊なめるように書架を見ていくことだと書いているところであった。今図書

どうちがう? 道 dào　条 tiáo

ともに長いものを数えるときに用いられるが, ‘道’ は「動かし難い」ものに使われることが多く, 例えば, ‘花边’〔レース〕に使われた場合には, ‘道’ はカーテンのすそなどに縫い込まれたものには使うことができるが, 縫い込まれていない自由な形に動かすことができる状態にある ‘花边’ には使えない. ‘条’ にはその制限はない. また, ‘道’ は動作の回数を表す動量詞としても用いることができる.

【道白】dàobái [名]せりふ: ‘念白’‘白口’ ともいう.

【道别】dào//bié [動]別れを告げる. ‖握手～/握手して別れを告げる ‖到亲友家～/親戚, 友人の家へ行き, 別れを告げる.

【道不拾遗】dào bù shí yí 〈成〉道に落ちている物を拾って私するものがいない: 社会の風紀がよく, 人々の道徳が高いさま. ‘路不拾遗’ ともいう.

【道岔】dàochà ❶[名]支線道路: ‘道岔子’ ともいう. ❷[名]〔个〕ポイント, 転轍(てつ)機. ‖扳～/転轍機を倒す.

【道场】dàochǎng ❶[名][宗](仏教で) 法事をする場所. ❷[名][宗](仏教で) 法事. ‖请了一班和尚做～/僧を招いて法事を行った.

‡**【道德】dàodé** ❶[名]〔种 zhǒng〕道徳. ‖要讲～/道徳を重んじなければならない ‖很有～/とても道徳的で

囲み記事「どうちがう?」
(『東方中国語辞典』東方書店、二〇〇四)

館はどこでも、検索機で簡単に本を探すことができる。このことは否定しない。しかしそんなときでも、そのまわりの棚を眺めまわすことが必要だ。案外そのまわりに、もっと役に立つ資料が、利用してくださいと待っているかもしれないのだから。

◈電子画面のたよりなさ

電子辞書では勉強したという充実感がないという人もいる。どうしてか。線が引けないから？　しかし、電子辞書には履歴という機能があって、自分が引いた語の一覧が示される。これは便利だ。なぜなら外国語の学習は繰り返すことによって記憶を確かなものにできるからだ。電子辞書は手あかがつかないからいやだという人もいる。手あかで辞書がまっ黒になってこそ勉強した気になるのだろう。わたしは辞書をきれいにしておきたい方だから、線も引かない。手あかもそんなにつけない。

それより、辞書を引いても勉強した充実感がないのは、電子画面のたよりなさというのがあるのではないだろうか。人によってはメモの段階からパソコンで打ち込む人もいる。わたしも時にそうすることがある。しかし、じっくり案を練ったりするときは、紙にメモをする。わたしの友人の一人は、パソコンの名手でありながら、なにか思索したり、論文の腹案を考えるときは紙に書くという。そこには、電子画面に対する手応えのなさというものがあるのではないか。

ヨーロッパの学会に出席したことは数えるほどしかないが、それでも、そこでのパワーポイントを使った発表には、いささか抵抗を感じた。なにがしっくりこないのか。言語の本質はもちろん音声である。音声で知識を獲得することに慣れている民族、人々は、パワーポイントの文字情報だけで安心していられるのだろう。しかし、視覚依存の強い漢字圏の人間、とりわけ日本人には、文字が目の前を走り去るパワーポイントは、とらえどころのない、不確かなものに感じられる。西洋人に対し、日本や中国の人たちがしっかりレジメをつくってきていることは印象的であった。

◈手触り、そして目に優しい文字

いろいろ書いてきたが、紙辞書のよさはなんといってもあの手触り、目に優しい文字、それに装丁につきるだろう。これはもちろん書物全般についていえることである。本には顔があるといった人がいる。辞書にも一冊一冊顔がある。

近年、雑誌などは図書館で収容できなくなり、電子化がすすんでいる。雑誌を含め電子化せざるをえない分野はこれからも増えていくだろう。電子ブックなるものも出てきた。しかし、これはどうしてもなじめない。最近では高校レベルから電子辞書をすすめるところも出てきたと聞く。そういう人たちは将来電子ブックに向かうのだろうか。

電子辞書は確かに便利なものだ。そして、その便利さはこれからますます増していくだろう。しかし、それはあくまで紙辞書を補完するもの、一歩すすんでも紙辞書と併存するものという認識がいるのではないだろうか。

再び電子辞書について――二〇〇七年四月

二〇〇五年にこの連載を始めた時、わたしはまだ電子辞書なるものをもっていなかった。家人の所有するものを、ときおり借りて遊んでいた程度だ。前にも書いたように、電子辞書搭載の中日辞典は二〇〇五年当時、小学館『中日辞典』の寡占状態で、しかもそれは十数年前に出た初版であって、二〇〇三年に出た再版ではない。わたしはせめて再版が搭載されるまで電子辞書は買うまいと心に決めていたのである。

◈ついに電子辞書を買う

ところが、二〇〇六年の初めに、ついに中国語辞典が複数搭載された電子辞書が出た。しかし、それは日本ではなく、中国のみ販売というCASIOのEW-V3500Lであった。これには、『現代漢語大詞典』(漢語大詞典出版社)、『クラウン中日辞典』(三省堂)、『漢英大辞典』(第二版、上海交通大学出版社)、『日漢大辞典』(上海訳文出版社)、『朗文　英漢双解活用詞典』(上海外語教育出版社)、『広辞苑』(第五版、岩波書店)が搭載されていた。わたしはここが買い時と判断し、ちょうど北京に短期留学で行っていた下の娘に買ってきてもらった。この中の核ともいうべき『現代漢語大詞典』は、用例に小説などから実例をとっていて、それはそれで便利なのだが、外国人が使うには用例が少なすぎる。原本も大きい割にはあまり役に立たない。ほかにも、中日―日中、中英―英中とそろってはいるが、それぞれ別の会社のものを集めたせいか統一性が感じられない。そんなわけで、これは買ったもののあまり使う機会もなく、この原稿を書くまでずっと部屋の隅にほって置いたままだった。

◈Canonから最強のwordtankが登場

このCASIOの中国語複数搭載辞書が出たあと、すぐにCanonからwordtankが出た。これは二種類あり、音声が出るが搭載辞書の少ないものとそうでないものがある。わたしは迷わず音声のつかないG90の方を買った。これは、中国語辞典だけでも、『中日大辞典』(増訂第二版、大修館書店)、『講談社中日辞典』(第二版)、『講談社日中辞典』、『現代漢語詞典』(第四版、商務印書館)があり、英中、中英や新語、コンピューター用語辞典までついている。英語は『ジーニアス英和大辞典』(大修館書店)、『ジーニアス和英辞典』(第二版、大修館書店)の他、わたしが愛用するオックスフォードの*ADVANCED LEARNER'S DICTIONARY*までついていて、いたく感激した。もちろん、この他に『漢字源』(学習研究社)、『スーパー大辞林』(三省堂)その他類義語、四字熟語、ことわざ辞典等までついていて、中国語をなりわいにするものには最強と言っていい辞書だった。

◈wordtank に対する不満

この辞典のよくないのは液晶画面が暗いことだ。家人のもつ、明るい画面の電子辞書を知らなければ、電子辞書とはこんなものかと疑問も抱かなかったであろう。が、いかんせん、明るい画面の電子辞書の存在を知った以上、Canon のこの辞書は中年以上の人間にはつらい。もちろん、明るさを調整することはできる。しかし、それでも暗い。わたしは機会あるごとに Canon の関係者に苦情を訴えたが、その後どうなったものか。[*1] さらに、これは電子辞書の宿命かもしれないが、この辞書のいけないところは、画面がすぐに消えてしまうことである。めざす語にたどり着いて、いざメモしようとすると、いつの間にか消えてしまっている。いくら省エネとはいえ、もう少しなんとかならないものか。電子辞書を引くとはその程度の時間つきあえばいいということなのだろうか。

この道の専門家の話では、電子辞書を選ぶ際、内容を除けば、画面の明るさ、キーボードの軽さなどがポイントになるようだ。ついでに言うと、電子辞書のキーボードは両手打ちには適さない。小さすぎるのである。わたしなどは両手打ちのブラインドタッチに慣れているので、ついついそのつもりになるが、そうすると指と指がぶつかってうまくいかない。電子辞書は、一本指打法が最適ということか。

◈辞書を引くのは恥ずかしい？

先日、ある研究会の席で、あることばの意味をめぐって議論になった。ふだんなら、それでも電子辞書の助けを借りたりしないのだが、決着がつかないので電子辞書を出して調べてみた。すると、となりに座っていた女性が、「あ、荒川先生でも電子辞書を使ってるんですか。それならわたしも」と言ってカバンから電子辞書を取り出したのである。わたしは、電子辞書を購入して以来、出張するときは、必ず電子辞書を携帯する。しかし、学会などでは引きづらい。持って行って、一度も引かずに帰ってくることもまれではない。辞書を引くとは、恥ずかしいことなのだろうか。教授ともなれば、なんでも知っているはずなのにとか、辞書を編集したような人なら辞書に書いてあることはすべて頭に入っているはずだと思われるのがいやなのか。はたまた、電子辞書など使っていると思われるのが恥ずかしいのか。家で紙辞書を引くのをとがめる人はいない。考えてみれば、辞書を引くとはプライベートなことなのかも知れない。だから、授業中に学生が辞書を引き出すと教師は顔色を変える。外で辞書を引くというのは、たとえが悪いかも知れないが、まるで若い女性が電車の中で化粧をするようなものなのかも知れない。しかし、わたしは今どこでも引く。わたしの周りにいる中国の人たちも、わたしがなにか面白い表現を使うと、食事中でも、車中でも引いて確かめる。このどこでも引けるということこそ、正に電子辞書の強みなのではないだろうか。

＊1――wordtank はその後改良され、バックライトもつき、V923では『現代漢語八百詞』(商務印書館)の日本語訳版(『中国語文法用例辞典』東方書店)もついた。

中国語学会で辞書のシンポ開かれる

二〇〇八年秋の日本中国語学会で「中国語学習辞典の今後」と題するシンポジウムが開かれ、わたしは司会を務めた。二〇〇七年春の関東支部の拡大例会で、山崎直樹、三宅登之、遠藤雅裕氏らを中心に辞書のシンポが開かれ、わたしもパネラーの一人として参加したが、全国大会で辞書の問題が議論されるのは、おそらく今回が初めてであろう。わたしは冒頭で全体的な問題点をあげ、中川正之、依藤醇氏はそれぞれ『白水社中国語辞典』、小学館『中日辞典』の編集の中心にあった立場から、また山崎直樹氏にはユーザー側の視点から、沈国威氏には、中日辞典におけるコーパスの利用について意見を述べていただいた。さらに、コメンテーターとして、電子辞書の活用を清原文代氏、品詞の問題を三宅登之氏からコメントをいただき、『ウィズダム英和辞典』の編者赤野一郎氏にはコーパスを使った編集の利点について発言をいただいた。当初、このようなテーマで人が集まるのかと心配されたし、司会を務めた者として不満は残りもするが、最初の試みとしてはまあ成功したのではないかと思っている。

◈紙辞書は電子辞書の記述の基礎

そもそも、学習辞典の今後を語ろうとしても、学生が辞書を買わない、買っても電子辞書、という現状をどうするのかという問題がある。現段階では、電子辞書の記述、情報の基礎となるのは紙辞書であり、紙辞書について多く語らなければ電子辞書も発展しない。学生たちに紙辞書を使ってほしいというのも、かれらにいろんな辞書を引き比べ、その優劣を評価してもらいたいからである。しかし、大部分の学生は辞書の代替、携帯品として電子辞書を選んでいるようだ。

電子辞書には電子辞書独自の機能がある。わたしが電子辞書を使うのは、主に複数辞書検索である。こういう使い方をすると、どの辞書がどうのこうのというより、こちらが求める情報があるかどうかが問題になる。つまり、電子辞書の世界は個性を消して、ただ情報だけを追い求める世界になっていくように感じる。

それはそれで時代の趨勢かもしれない。しかし、その前にもっともっと紙辞書レベルでの議論をしておく必要があるのではないだろうか。

◈辞書はどこまで記述すべきか

今回のシンポジウムについて語るべきことは多いが、わたしが最も考えさせられたことは、辞書はどこまで収録すべきか、どこまで記述すべきかという問題である。中国の辞書たとえば『現代漢語詞典』(商務印書館)が載せるのは基本的に単語であり、動詞+補語はフレーズであるがゆえに載せない。これをふんだんに収めたのは伊地智善継氏の『白水社中国語辞典』で、たとえば〝想〟では、

想不出/想不出来/想不到/想不开/想不了/想不起/想不起来/想不上来/想不通/想

出／想出来／想到／……

のように、語彙項目の約半分が動詞＋補語の構造のもので占められている。伊地智氏は、「文法概説」の中で「構成成分から意味を見通」しにくいものを語彙項目として収めたと言っている。そうなると、これは文法概説では説明しきれないものだということになる。伊地智氏は、基本動詞の意味の記述として「基本的意味を記述するだけでは抽象的にすぎて、非実用的である」と考え、文脈的な意味に基づく意味分類を実行した。このことと合わせ考えると、方向補語の意味記述だけでは抽象的で、非実用的(役に立たない)だから、いちいち動詞＋補語のカタチを取り上げざるを得なかったということになる。

わたしの問題提起の一つである、「辞書にどこまで収めるか」や、山崎氏の微に入った記述の提案も、辞書に日本人にはわかりにくいフレーズをのせようというものであるが、中川氏などは、この立場に反対のようにみえた。それは、わたし流に解釈すれば、そういう記述をしていくときりがないからである。中川氏のことばを借りて言えば、白水社の辞書は、伊地智氏が亡くなったからこそ完成にこぎつけたのである。

◈辞書を引くな

ここで、わたしはさらに、かつて辞書を引かない、辞書は引くなと言った先人たちのことばを思い出す。その一人吉川幸次郎氏は、『漢文の話』(ちくま学芸文庫、二〇〇六)のなかで、「漢文を読むばあい、字引きをひくのは、少なくともひきすぎるのは、必ずしも賢明でない」「文章の上下をみつめることに専心」すれば、意味は自ずとわかると言っている。またある先哲は、文章を読んでいてわからない単語が出てきても、そのままますすみ、つぎに出てきたときに考え、さらにまた出てくれば、ほぼ意味はつかめる、だから要するに辞書は要らないというようなことを言っていた。つまり、辞書になにを収めるか、辞書にどのようなことを書くべきかを議論すると同時に、辞書は引くべきものか、どう引くべきかについても考えておかなくてはならないということである。

しかし、吉川氏が辞書が要らないと言うのは、かつての中国の学問が注釈をたよりにやってきたからである。主な古典には注釈があり、発音も意味の大部分もそこに書かれているから、辞書を引く必要が基本的にないのである。そういう訓練をいくつもの古典についてしていれば、自ずと頭に辞書ができあがり、辞書を引く必要がなくなる。むしろ、前にも書いたが、辞書を引くということはむしろ恥ずかしいことなのである。吉川氏の「私と辞典——中国語の読み方」(『私の辞書』丸善、一九七三)には、「教授が久しく不明としていた語の解説を、『辞源』で見つけた先輩が、そのまま報告するわけにも行かないのでね、と苦笑していた」エピソードを紹介している。

あとがき

　辞書についてなんでも書いてくださいと、当時の東方書店出版部の朝浩之さんから言われたのは、『東方中国語辞典』が出た二〇〇四年の暮のことだった。東方書店には『東方』という、書評を中心にした雑誌があって、そこに連載するようにという依頼だった。毎回二〇〇〇字、原稿用紙にすると五枚である。タイトルは最終的に「やっぱり辞書が好き」になったが、これは出版部の加藤浩志さんがつけてくれたような気がする。辞書に関することならなんでもいい、期間は一年と言われて、最初に思いついたのは電子辞書のことだった。なにしろ十数年かけて紙辞書をつくってきたものの、出たときにはすでに電子辞書の時代が到来していた。紙辞書は今後どうなるのだろう。そんな危機意識と、いや電子辞書の時代になっても、紙辞書は生き残れるのではないか、紙辞書にはこんなすばらしさがある、そんなことを伝えようとして三回ほど続けて書いた。ふりかえれば、当時わたしはまだ自分自身電子辞書の愛好者ではなく、たまに家人の辞書を借りて引く程度だった。それが、二年後に『現代漢語詞典』(第四版、商務印書館)が入ったwordtank(Canon)が出たのを機に電子辞書を購入し利用し始めた。電子辞書はこんな使い方をすればいいんだ。そういうこともその後わかるようになった。今では出張で出かけるとき、必ずカバンに電子辞書を忍ばせる。この持つ前と持った後の対比のエッセイは、本書では第V章に出している。

　その後、わたしが書いたのはいわゆる辞書紹介である。当時大阪外国語大(現大阪大)の杉村博文氏から三省堂の『世界のことば・辞書の辞典　アジア編』(二〇〇八)の北京語の辞書の一部を書いてもらえないかという誘いを受け、中国語の特徴から書き始め、特徴ある辞書について紹介したことがあった(出たのはかなり遅れた)。そこで、それを下敷きに、そこでは書ききれなかったこと、また紹介できなかった辞書を、連載の形で書き続けた。辞書紹介はこのエッセイの中では一つの柱になり、途中ほかの話題が入ったあとでも時折、こんな辞書が出たから、あるいはこんな辞書があるからということで紹介していった。もちろん、辞書を紹介するといっても、単に辞書をならべるのではなく、なんらかのことばのテーマにからませながら書くようにした。辞書紹介もそれはそれで必要なことではあるが、それより自分が書きたいことがほかにもあるのではないか、自分の書きたいのはいったいなんなのか。そんなことをその後も考えながら書き続けた。

　連載がはじまってから、わたしは学生の短期中国セミナーの引率や、愛知大学孔子学院学院長という職務の関係上、孔子学院の世界大会等で、観光以外にもたびたび北京へ行くようになった。本書で「二〇〇×年に」といった年号が出てくるのは、その折々の体験、収穫を報告しようとしたものである。やがて、わたしは街を歩きながら、街角で見る漢字、中国語を写真に撮るようになった。

最初に撮ったのは、本書の冒頭においた〝牙科〟である。中国語で〝牙〟が「歯」を意味することは授業でよく例に出していたのだが、本当のところわたしは〝牙科〟という看板を見たことがなかった。〝牙科〟という看板があったかどうかの顚末は本書に詳しく書いたが、わたしはその後も街を歩くたびにカメラを持ち歩き、これはという文字を見ればカメラに収めた。これは二〇〇八年四月から九月までNHKラジオで入門講座「まいにち中国語」を担当した際、テキストの発音段階で単語と同時に出してとても効果的だった。そして、文字だけでなく、同時に街で聞くことばについてもふれながらエッセイを書くようになった。机の前で辞書をにらみながら書くのではなく、街を歩きながら、現実の中国語を耳や目にしながらそれをエッセイ風に書いていこう、これこそが自分が書きたかったものだ。そう確信するようになった。もちろん、純粋に辞書の紹介も挟んでいったし、辞書をめぐる諸問題を、そのときどきでぶつかる問題にからませ書いていった。本書のタイトル『中国語を歩く——辞書と街角の考現学』はまさにこの二つのテーマを表現しようとしたものである。

本書にはこの五年来の筆者の訪中体験があちこちにちりばめられているが、また二〇〇八年に「まいにち中国語」を担当する過程でぶつかった辞書の記述にかかわる問題、明朝体と教科書体の問題、軽声、アール化の問題についてもいろいろ調べて書いた。字体の問題は四十年以上も中国語とかかわってきたのに、これまで無自覚だった。ほかにも、え〜、そうだったのかという発見、驚きがあちこちにある。辞書も出版し、長く中国語とかかわってきて、今だにそんなことを言っているのかと言われそうだが、ネイティブスピーカーでないわたしたちにとって外国語である中国語はいくら学んでも果てがない。考えてみれば、語学の勉強とは、コミュニケーションの楽しさはもちろん、外国語とつきあう中でぶつかる発見、驚きが楽しくてやっているのではないだろうか。さらに、二〇〇九年の四月からは、自分の人生においてこれだけはないだろうと思っていたテレビの中国語講座の講師まですることになってしまった。テレビはラジオと違って映像が問題になる。したがって、そこでまたまたぶつかった新たな発見、驚きをも、この連載で書かせてもらった。

二〇〇八年の春に、日中友好協会で『日本と中国』紙の編集長をしている旧知の金田直次郎さんから、『日本と中国』紙に四〇〇字ほどのコラムを書くよう言われた。この新聞は一〇日に一回発行されるもので、それなりに忙しい。わたしは少し考えたあげく、「漢字のチカラ」と題して日本と中国の漢字の話を書くことにした。「手紙」が中国語で「トイレットペーパー」の意味とか、「汽車」が「自動車」だといったことはよく知られているが、漢字そのものの違いにまで踏み込んで考えようとするものはあまりない。かつてわたしは日本語と中国語の同形の漢語に興味を持ったが、どう違うというだけではものたらなくなり、それはやがて歴史的な研究へとすすみ、一九九七年に『近代日中学術用語の形成と伝播』(白帝社)を刊行した。その後わたしは「健康」「化石」や「空気」と言った個別の語の研究にすすんだが、最後に到ったのは、日中両国語での漢字の質、意味、造語力の違いであった。そういうことをそのころ考えていたので、このコラムでは日本人も知っている漢字の意味や造語力が日中でこんなに違うのかという話を、しかも、これまでわたしが撮ってきた写真をつけて平易なことばで語ろうとしたのである。金田さんからは一〇〇回は続けてくださいと言われている。このコラムはこのあとがきを書いている段階で二年目に入り、すでに四〇回に達している。

本書は『東方』誌の連載が五年目に入った「やっぱり辞書が好き」のこれまでの原稿と、『日本と中国』紙の連載コラム「漢字のチカラ」をミックスして再編集したものである。第Ⅰ章は上で述べた街角で出会った漢字、中国語を中心にし、第Ⅱ章では辞書に関するいろんな問題をその折々に出会った出来事、人とともに述べた。第Ⅲ章は中国語の辞書の紹介。第Ⅳ章は中国語の辞書を通してみた中国人の美醜観、男女観、親子観、革命史を紹介した。この章も自分なりに楽しく書いたつもりである。そして最後の第Ⅴ章は、冒頭に述べた電子辞書と紙辞書の問題を含め、これからの辞書の展望を述べた。連載と、「漢字のチカラ」のコラムを、全体のバランスを考えた構成にしたが、読者はどこから読んでいただいてもけっこうである。連載の方の記事は時に専門的な話題にもわたるので、少し重いと感じれば、コラムを追って、写真をながめながら読んでいただいてもかまわない。もともとが連載で、時折折の話題を挟んでいるから、体系化を目指して書いた辞書論ではない。したがって全体の統一感のないのは否めないし、また重なりも時にあるが、これはどこから読んでも読めるようにという配慮ともかかわるのでご寛恕願いたい。

最近、大学の先輩である共立女子大学の上野恵司氏の著書を読み返していたら、問題意識や取り上げるテーマが似ていることに気づいた。わたしがかつて氏の著書を読んでいて、その影響を知らないうちに受けたのか。はたまた、中国語の世界で語彙について書けば同じような内容になるのか。あるいは師を同じくするがゆえか。なんにせよ、ここではこれが決して〝掠美〟でないことをお断りしておきたい。また、本書であげた写真の大半はわたしがみずから撮ったものであるが、長濱利勝・梅村育宏・中西千香・木村恵子・金田直次郎の諸氏からも提供を受けている。とりわけ『日本と中国』紙からは、連載中のデータをすべて気持ちよく提供していただいた。さらに、同僚の塩山正純氏にはゲラの一部を読んでいただき、わたしの書きぐせを指摘していただいた。これらの方々に心からお礼申しあげたい。

最後に、この連載を書くきっかけをあたえてくださり、その後も励まし続けてくださった朝浩之さん、加藤浩志さん、この連載の途中から担当してくださり、つねにわたしの杜撰な引用をきちんと調べ直してくださった船山明音さん、いくらでもつづけてくださってけっこうですと励まし続け、そして本書をまとめるのを快諾くださった川崎道雄さんをはじめ東方書店のコンテンツ事業部の皆様方にここにお礼申し上げます。同時に、連載を読んで訂正してくださったり、励ましのことばをかけてくださった多くの読者の方々にもお礼申し上げます。

二〇〇九年秋　荒川清秀

中国語《ちゅうごくご》を歩《ある》く——辞書《じしょ》と街角《まちかど》の考現学《こうげんがく》

東方選書 37

二〇〇九年一〇月二〇日　初版第一刷発行
二〇一九年一〇月一〇日　初版第四刷発行

著　者……………荒川清秀
発行者……………山田真史
発行所……………株式会社東方書店
東京都千代田区神田神保町一-三 〒一〇一-〇〇五一
電話（〇三）三二九四-一〇〇一
営業電話（〇三）三九三七-〇三〇〇
ブックデザイン…鈴木一誌・杉山さゆり
印刷・製本………シナノパブリッシングプレス

定価はカバーに表示してあります

ISBN978-4-497-20909-2　C0387